Vaincre la faim

Pour en finir avec l'inacceptable

Groupe Eyrolles
61, bd Saint-Germain
75240 Paris Cedex 05
info@eyrolles.com
www.editions-eyrolles.com

Le code de la propriété intellectuelle du 1er juillet 1992 interdit en effet expressément la photocopie à usage collectif sans autorisation des ayants droit. Or, cette pratique s'est généralisée notamment dans l'enseignement, provoquant une baisse brutale des achats de livres, au point que la possibilité même pour les auteurs de créer des œuvres nouvelles et de les faire éditer correctement est aujourd'hui menacée.

En application de la loi du 11 mars 1957, il est interdit de reproduire intégralement ou partiellement le présent ouvrage, sur quelque support que ce soit, sans autorisation de l'Éditeur ou du Centre Français d'Exploitation du Droit de copie, 20, rue des Grands-Augustins, 75006 Paris.

François Guillaume

Vaincre la faim

Pour en finir avec l'inacceptable

EYROLLES

« La grande affaire mondiale, c'est de tirer de la misère et d'orienter
vers le développement [...] deux milliards d'hommes dépourvus ; [...]
car en notre temps, la seule querelle qui vaille, c'est celle de l'homme.
C'est l'homme qu'il s'agit de sauver, de faire vivre et développer.
Nous autres, qui vivons entre l'Atlantique et l'Oural ; nous autres,
qui sommes l'Europe, disposant avec l'Amérique, sa fille, des sources
et des ressources principales de la civilisation ; nous autres qui avons
de quoi manger, nous vêtir, nous loger, nous chauffer... que ne
dressons-nous, tous ensemble, la fraternelle organisation qui prêtera
son concours aux autres ? »

Charles de Gaulle
Le 25 mars 1959

Sommaire

Introduction

L'abondance est au Nord, la pénurie au Sud. Depuis un demi-siècle, l'écart se creuse. Une course-poursuite est engagée entre les besoins alimentaires et la nourriture disponible. En forme de défi. Car la faim du monde pourrait précipiter la fin de notre monde, celui de la satisfaction matérielle, du bien-être social, du libre accès à la culture, de la débauche de loisirs, de la sécurité assurée et de la paix préservée. La misère frappe à nos portes et on voudrait l'ignorer, ou s'en exonérer par un semblant de charité.

La mer charrie chaque jour son contingent d'exilés : on s'efforce de les refouler pour ne pas être submergé. Jusqu'à quand l'Occident pourra-t-il relever la digue de ses privilèges ? Il s'enferme dans son aveuglement, faute de reconnaître que l'appauvrissement du tiers de l'humanité menace l'acquis des uns, l'accès laborieux des autres au progrès et la sécurité de tous.

Paysan en charge comme tous les miens de nourrir les hommes, je n'ai jamais pu me résigner au gel imposé d'une partie des meilleures terres de France.

Syndicaliste, je me suis toujours refusé à l'admettre, proposant d'autres alternatives.

Ministre, je m'y suis efficacement opposé, Bruxelles renonçant alors à une inflexion malthusienne de la plolitique agricole commune.

Mais depuis quelques années, ce gel s'est durablement imposé. Avant d'être tout récemment mis en sommeil. Néanmoins, il subsiste ; sous une autre forme, moins spectaculaire que les carrés de friche qui mitaient nos campagnes, mais plus pernicieuse : c'est le retour encouragé aux pratiques culturales anciennes auquel le grand public, habilement conditionné, adhère parce qu'il le tient pour un gage de sécurité.

Il faut être bien nourri pour accepter délibérément de limiter sa capacité à produire en privant de pain son voisin sans même l'aider à assurer lui-même sa propre subsistance.

C'est la tragique image que l'Occident donne de lui à la multitude des affamés des continents les plus durablement touchés par la pauvreté : l'Asie, l'Afrique et l'Amérique du sud.

Il est temps d'en changer. Dans ces pages, nous proposons de le faire. Non par l'assistanat qui tue l'esprit d'initiative et porte atteinte à la fierté des peuples et à leur dignité, mais au prix d'une coopération encadrée par un nouvel ordre économique mondial qui prenne en compte la diversité des situations, les différences de niveau de développement, la sensibilité des marchés agricoles, le désordre monétaire.

Avec la crise financière, le tout-libéral a montré ses limites. Aussi la régulation reprend-elle ses droits. Chacun en convient. Mais cette sagesse serait incomplète si elle se confinait au seul règne de l'argent. La crise alimentaire est trop grave pour que son éradication ne soit pas érigée en priorité. Car elle conditionne le droit de vivre des plus déshérités – droit fondamental de chacun des hommes.

Première partie

Deux mondes pour une seule planète

Un droit de vivre mal partagé

La misère sous toutes ses formes

L'enfant mort

Quand vous aurez terminé la lecture de cette page, six jeunes enfants seront morts sous le soleil brûlant de l'Afrique. Ahmed était l'un d'eux. Il s'est éteint dans les bras de sa mère dont le regard traduit autant la résignation que le chagrin. La faim, la guerre, les cataclysmes en pays pauvre multiplient ces drames quotidiens dont les images ne suscitent plus l'émotion tant elles ont été banalisées jusqu'à l'indécence, telle la mort en direct d'un enfant sud-américain dans son cercueil de boue. Au mieux, notre capacité d'indignation se résume à quelques commentaires navrés des médias et nos bonnes consciences se rassurent au prix d'une générosité occasionnelle ou, pire, se réfugient dans un sentiment d'impuissance.

On veut ignorer que le Tiers-Monde est devenu multitude et que le déséquilibre du peuplement planétaire pourrait engendrer une irrésistible et désespérée transhumance du Sud vers le Nord, de l'Est vers l'Ouest.

La mère africaine qui serre contre elle ce corps sans vie n'a plus la force de pleurer. Elle le défend encore machinalement contre un essaim de mouches qui ne désarme pas. Autour d'elle se tiennent, à distance, plusieurs de ses enfants. Ils observent la scène, pensifs et tristes, sans encore comprendre que la mort est passée par là. Eux ont la chance de survivre – mais est-ce une chance et pour quel destin ? Mal nourris, ils ont déjà les stigmates de la faim. Ce sont des squelettes ambulants au ventre ballonné ; leurs grands yeux noirs ont plus que leur âge car ils n'expriment ni la gaîté ni l'insouciance de l'enfance mais l'étonnement craintif et un pourquoi non formulé.

La mère en deuil songe à ses aînés. Deux sont partis au loin. Ce sont les plus forts, ceux-là mêmes qui pouvaient apporter à leurs parents une relative sécurité durant leurs vieux jours, selon la tradition en terre africaine. Las de cultiver un mil dont les récoltes sont régulièrement hypothéquées par la sécheresse, ils ont décidé de tenter leur chance ailleurs. Ils n'ont rien à perdre. Le bouche à oreille leur a appris l'existence d'une filière qui, depuis le Sénégal, leur permettrait d'atteindre clandestinement les Canaries et, là-bas, d'obtenir une régularisation de leur situation qui leur ouvrirait les portes de l'Eldorado européen. Aussi n'ont-ils pas hésité à se livrer à des passeurs malveillants, à emprunter un frêle esquif surchargé, à confier la barque à des courants marins espérés favorables, à prendre le risque de sombrer dans l'océan ou d'être interceptés en pleine mer par des garde-côtes avant d'atteindre la terre ferme, gage de l'avantage d'un premier statut, celui de « réfugié clandestin ».

Sans mesurer toute l'ampleur de ces périls, la mère africaine n'en ignore pas l'inquiétante réalité. Mais elle n'a pas cherché à dissuader ses fils d'entreprendre cette folle aventure. Qu'aurait-elle d'autre à leur proposer ? Leur vie leur appartient. Sans espérance, elle ne vaut rien. Pourtant, la mère sait qu'elle ne les reverra jamais. Ces dernières années, des milliers de boat-people ont trouvé la mort en cherchant à gagner l'Espagne. Certains sont revenus, rapatriés sous bonne garde, mais bien décidés à faire une nouvelle tentative dès que possible. D'autres, dont on n'a pas de nouvelles, ont peut-être réussi.

L'exode pour survivre

Ce même jour, au nord du Nigeria, une famille peuhle s'interroge sur son devenir. Le troupeau de bovins dont elle tire sa maigre subsistance ne trouve plus sa nourriture sur ses pâturages traditionnels brûlés par une sécheresse qui, chaque année, sévit plus durement. L'exode devient inévitable et l'abandon du cheptel une obligation. Mais où aller ? Ils iront au sud, en bordure de mer, là où sont implantées les principales activités économiques dont le moteur est l'extraction pétrolière. Ils se joindront aux flux des déracinés ruraux qui, sans ressources, s'entassent dans des bidonvilles à la périphérie des grandes cités, vidant l'arrière-pays de sa population et de ses activités agricoles et pastorales.

Au bout d'une longue marche, ils sont arrivés à Lagos qui compte quinze millions d'habitants. Perdus dans cette fourmilière humaine, ils sont à la recherche d'un toit et d'un travail. Un ghetto de misérables sera l'inévitable aboutissement de leur voyage et ils vivront de rien avant que peut-être, nécessité fait loi, ils ne sombrent dans la délinquance pour survivre et ne subissent la loi des bandes organisées. Car, à Lagos ou à Port Harcourt, l'insécurité est partout : brigandages, meurtres, rapts sont monnaie courante, justifiés par l'étalage provocateur de la richesse des uns au regard de la misère des autres. En réponse, les sociétés pétrolières privilégient l'*offshore*, au débouché du delta du Niger, pour protéger leurs installations et leur personnel. Les autorités nigérianes s'en accommodent… et en tirent profit sans trop se préoccuper de l'après-pétrole. Pour contenir la pression populaire, elles importent des céréales.

En arrivant, la famille peuhle a découvert le pain, ce qui a modifié pour toujours ses habitudes alimentaires et contribué à l'accroissement de la dépendance du pays aux exportations étrangères, américaines et européennes. Dans ce bouillon de culture urbain, elle y perdra un peu de son âme avec l'abandon progressif de ses traditions, de ses repères, de son organisation familiale, ancestral héritage de l'ethnie à laquelle elle appartient.

Les *townships* de l'apartheid

Soweto : dans cette banlieue noire de Johannesburg qui rassemble un million d'habitants, Govan vit d'expédients avec sa famille sous un abri de tôle comme il en existe plusieurs centaines de milliers entassés les uns contre les autres, en quartiers compacts, délimités par des axes de circulation qui se croisent à angle droit. Construites avec des matériaux de récupération prélevés dans les décharges urbaines et acheminés tant bien que mal à dos d'homme ou traînés sur des charrettes branlantes, ces habitations insalubres sont aménagées de façon rudimentaire, les enfants couchant à même le sol, au pied du grabat de leurs parents au-dessus duquel est suspendue la garde-robe vétuste et usagée de toute la maisonnée. L'accès à l'eau est collectif. Un enchevêtrement de fils électriques à l'isolation trop rudimentaire court au-dessus des ruelles étroites, n'éclairant que les abris des occupants jugés solvables. Pour tout acte quotidien, la promiscuité est inévitable. Comment faire autrement ? La famille de Govan s'est installée au début du siècle dernier dans cette *township*, cité réservée aux Noirs de toutes conditions. Comme bon nombre de Sud-Africains, ils répondaient alors à l'appel des Blancs qui, ayant découvert des filons d'or et une cheminée volcanique tapissée de diamants, recherchaient de la main-d'œuvre bon marché pour exploiter le riche métal et les pierres précieuses. À la mine, les conditions de travail étaient épouvantables. Les puits et les galeries creusés à la hâte n'étaient pas sécurisés. Coincé sous un éboulement, le père de Govan est resté au fond : il aurait été trop coûteux d'aller l'y rechercher. Né à Soweto sans l'avoir connu, Govan avait 20 ans au moment de la révolte de 1976 qui a mobilisé les collégiens des quartiers noirs aisés de la ville refusant d'apprendre la langue afrikaans, imposée par les Blancs. La manifestation, pacifique, avait tourné au drame quand la police avait tiré sur la foule. L'image d'un jeune enfant transporté, mourant, dans les bras de son frère avait alors fait le tour du monde. En protestation, d'autres cités noires s'embrasèrent dans tout le pays et la lutte contre l'apartheid pris de l'ampleur sous l'impulsion de l'ANC (*African National Congress*) dont Govan devint un militant actif. Quinze ans plus tard, la ségrégation raciale prenait fin. Si cet aboutissement a rétabli une équivalence de dignité et de respectabilité entre les deux communautés, il n'a pourtant pas effacé les conséquences de plus d'un siècle d'exploitation d'une race par l'autre.

Pour Govan, la vie n'a pas encore vraiment changé. Dans son ghetto insalubre, il s'impatiente, même s'il comprend que la majorité noire doit conduire avec prudence et sagesse le rééquilibrage des chances après celui, plus rapide, des pouvoirs. Nelson Mandela, le père de la Nation, en a ainsi décidé pour ne pas rompre la dynamique de la croissance, condition de la prospérité ; pour ne pas provoquer la fuite de la communauté blanche, de ses capitaux et de ses savoir-faire. Parfois, le désespoir le gagne, sa colère monte devant l'absence de réattribution des richesses et le peu d'ampleur de la réforme agraire destinée à redistribuer les terres monopolisées par les Blancs. La rancœur – ferment de la révolte – le mine car, à Johannesburg, le contraste est toujours aussi choquant entre le bidonville de Soweto et les quartiers résidentiels aux allées ombragées bordées de belles villas et de grands immeubles blancs, sièges de riches sociétés dirigées par des Blancs et protégées par de hauts murs surmontés de réseaux de barbelés, de caméras et gardés par des vigiles… de couleur.

Mais ce qu'ont réussi Mandela le Noir et de Klerk le Blanc, ces deux Prix Nobel de la Paix – une transition démocratique sans effusion de sang, sans révolte généralisée, en surmontant l'obstacle racial –, résistera-t-il à la pression de populations pauvres concentrées à la périphérie des grandes cités modernes, chaque jour confrontées à l'exposition provocatrice du bien vivre de leurs voisins ? Peuvent-elles oublier les humiliations du passé ? Les jeunes auront-ils la sagesse et la patience des anciens ? Govan a conscience de l'enjeu. Au sein même de sa famille, les discussions sont vives et les tensions réelles sur le sujet. Bien qu'ayant trouvé du travail, sans discrimination de salaire, ses fils prétendent qu'il faut confisquer la richesse des uns pour mieux redistribuer aux autres, lui rappelant que la fin de l'apartheid date déjà de 1991…

Le volcan de la pauvreté

Ces vécus sont légion, tout en ayant chacun leur histoire. Au sein de tout continent, tel un volcan endormi qui, dans ses profondeurs, préparerait silencieusement une éruption violente, la pauvreté subie, se nourrissant du ressentiment des populations démunies et opprimées, peut laisser craindre l'avènement de révolutions internes et de migrations incontrôlables. Et quand l'esprit de croisade ou le sentiment d'être la main de Dieu donnent un sens religieux à la démarche d'individus qui n'ont rien à perdre, la contestation se moque de la raison. Dans les grandes concentrations urbaines d'Asie ou d'Afrique, la colère fermente, et, chaque fois qu'elle apparaît possible, l'idée de l'exil grandit. La diffusion de l'information, désormais mondialisée, stimule les rancœurs en déversant sur la planète entière ses nouvelles et ses images choc. En leur faisant une publicité inespérée, elle accroît la popularité des hérauts de la cause des déshérités, sans toujours distinguer les émules de Gandhi de ceux de Ben-Laden…

Car il n'est pas de bidonville qui ne dispose dans ses plus sombres quartiers d'un poste de télévision autour duquel s'agglutinent des désœuvrés. En voyant vivre les Occidentaux, ces délaissés ne peuvent manquer, par comparaison, de prendre pleine conscience de leur situation de déshérités. Et leur misère autrefois vécue comme une fatalité leur apparaît alors comme une profonde injustice. Que ce soit dans l'énorme mégalopole du Caire qui regroupe près de 20 millions d'habitants dont certains, pour se loger, vont jusqu'à squattériser les cimetières ; que ce soit dans les favelas de Rio de Janeiro, dans les bidonvilles de Mexico montant à l'assaut des collines qui encerclent la ville, dans ceux de Port-au-Prince alimentés par l'explosion démographique de Haïti ou encore au Bangladesh, pays du delta du Gange dont les eaux repoussées par les cyclones de l'océan Indien inondent si souvent des centaines de milliers d'hectares ; que ce soit dans les rues des grandes cités indiennes où sont exploités les enfants contraints de fabriquer des briques séchées au soleil ou de fouiller des montagnes d'ordures pour gagner leur

10

pitance ; que ce soit en Chine où Pékin et Shanghai ne sauraient faire illusion quand l'arrière-pays se cabre contre les brutalités du régime à tel point qu'on y comptabilise chaque année 70 000 révoltes en tout genre, que le régime réprime sans qu'on n'en parle jamais ; partout, la misère gangrène la Terre dans l'indifférence des nantis.

L'examen des PIB[1] est un révélateur sans concession des différences considérables de niveau de vie de la planète. Les statistiques révèlent en effet qu'à eux seuls l'Europe et les États-Unis cumulent 60 % de la totalité de la production mondiale pour une population de 800 millions d'habitants, quand l'inquiétante Chine – nation la plus peuplée de la Terre avec son 1,3 milliard d'habitants – n'en compte qu'un peu plus de 5 %. Plus saisissante encore est la comparaison entre la seule France (63 millions d'habitants) et l'Afrique (970 millions). Avec ses 2 400 milliards de dollars de « chiffre d'affaires », l'Hexagone – qui figure en cinquième position derrière le numéro 1 mondial : les États-Unis, suivis par le Japon, la Chine et l'Allemagne – dépasse de 20 % le PIB du continent africain tout entier (2 000 milliards de dollars). Au vu de cette analyse – qu'on se surprend à refaire plusieurs fois de peur de s'être trompé tant elle est effrayante et lourde de conséquences à venir –, on mesure l'abîme qui sépare les deux mondes de la planète ; et on s'interroge sur les moyens et délais du rattrapage de l'un par rapport à l'autre, voire sur sa faisabilité, ou encore sur la pertinence du modèle postindustriel poursuivi par les nations en tête du peloton – pertinence qui est, au-delà des gesticulations des tiers-mondistes patentés, une vraie question philosophique posée à l'humanité.

---

1. Produit intérieur brut, sorte de chiffre d'affaires des nations.

Une communauté internationale attentiste

Le droit à la nourriture

Un paysan ne peut rester insensible à la tragédie que révèle ce rapide tour du monde des affamés. Fier de sa mission de nourrir les hommes, il ne peut comprendre qu'on limite son ambition de produire, qu'on l'oblige à ne pas cultiver une partie de ses terres quand un milliard d'êtres humains souffrent de malnutrition ; quand, pour cette même raison, un enfant en bas âge meurt toutes les quatre secondes. De toute cette misère, comment ne pas s'offusquer ? Car aucun argument ne peut justifier les quotas et les jachères imposés quand les prévisions de production – de plus en plus précises – permettent de planifier la couverture des besoins et d'annoncer les pénuries à venir. Aucun obstacle technique au transfert de nourriture vers les pays déficitaires ne peut être invoqué, surtout quand l'éventail des moyens de transport raccourcit les distances et réduit leur coût.

Le premier des droits de l'homme est celui de vivre. Il appartient à toute nation qui se respecte de le garantir à chacun de ses enfants mis au monde. Si leurs familles sont défaillantes, c'est à l'État d'y pourvoir ; si ce dernier ne peut l'assumer, c'est à la communauté internationale d'agir, y compris en usant du devoir d'ingérence humanitaire. « *Toute personne a droit à un niveau de vie suffisant pour assurer sa santé, son bien-être et ceux de sa famille, notamment pour l'alimentation* » : ce texte figure dans la *Déclaration universelle des droits de l'homme* de 1948. Une cinquantaine de pays au monde, dont chaque habitant dispose en moyenne de moins de 500 euros par an, sont incapables d'honorer cet engagement. Dans la trilogie de l'indispensable – la nourriture, la santé, l'éducation –, le premier besoin de l'homme, se nourrir, n'est pas couvert.

Le rendez-vous des occasions manquées

La création de la FAO

La communauté internationale n'est pas restée insensible aux multiples drames de la pauvreté, consciente des dangers de déstabilisation mondiale que ces derniers peuvent engendrer. Mais ses initiatives sont entachées d'une querelle quasi idéologique entre libéraux et interventionnistes – deux logiques qui s'affrontent depuis la Seconde Guerre mondiale et qui ont été successivement reconnues opportunes bien qu'antinomiques. C'est ainsi qu'en 1943, en Virginie (États-Unis), une réunion de quarante représentants des Nations alliées reconnut « un droit à la nourriture pour tous garanti par les gouvernements » et se fixa pour objectif l'élimination des pénuries en créant une Organisation pour l'alimentation et l'agriculture – la FAO[1] – que même les États-Unis voulaient interventionniste à tous les stades de l'alimentation dans le monde. C'est le peu d'efficacité de cette organisation – décriée par les Africains eux-mêmes – qui a suscité la colère du président du Sénégal, Abdoulaye Wade : il accuse cette agence de l'ONU d'avoir développé une technostructure pléthorique et de s'avérer incapable de promouvoir un développement agricole durable en Afrique, y compris dans les régions où la végétation est naturellement exubérante et en dépit de ses multiples études, missions et interventions coûteuses. Ce reproche n'est pas sans fondement. Il doit cependant être tempéré : l'existence de conflits internes dévastateurs (Liberia, Sierra Leone, République du Congo, Darfour, etc.) complique considérablement l'intervention de la FAO et déstabilise les marchés mondiaux, décourageant les producteurs des pays pauvres insuffisamment protégés contre la fluctuation erratique des prix agricoles.

---

1. Acronyme anglais désignant l'Organisation des Nations unies pour l'alimentation et l'agriculture à laquelle adhèrent 190 États membres. Créée en 1945 pour lutter contre la faim et la pauvreté par le développement agricole, elle dispose d'un budget annuel de 370 millions de dollars.

L'avènement du tout-libéral

Un an plus tard, en 1944, les apôtres du libéralisme reprenaient l'avantage à l'occasion de la signature des accords de Bretton Woods[1] qui proposaient un nouvel ordre économique mondial fondé sur le libre-échange et complété quelques années plus tard par la Charte de La Havane qui fixait les moyens et les étapes de la suppression de toutes les protections douanières dans le monde entier en vue d'un objectif ultime : créer un vaste supermarché planétaire où les consommateurs pourraient s'approvisionner au meilleur compte, la concurrence s'exerçant pleinement et sans limite.

La famine du Sahel, victime d'une sécheresse exceptionnelle en 1974, tempéra l'ardeur des partisans du tout-libéral qui durent bien reconnaître qu'une intervention ponctuelle en faveur des sinistrés, en apport d'argent ou de nourriture, ne suffirait pas à conjurer la perte de confiance qui jetait les populations rurales sans ressources dans les grandes villes côtières de l'Afrique subsaharienne. L'émotion suscitée par les souffrances de ces déracinés, à qui l'aide internationale ne parvenait qu'exceptionnellement, fit obligation aux grandes nations de prendre des engagements. Celui des États-Unis était assorti de la promesse qu'« *avant dix ans, aucun enfant au monde ne devrait se coucher le ventre vide et qu'aucune famille n'aurait à craindre pour le lendemain* ». Plus direct encore, le président algérien Houari Boumédiène lançait un solennel et quasi prophétique avertissement en ces termes : « *Un jour, des millions d'hommes à la recherche de leur propre survie quitteront les rivages pauvres du sud de la Méditerranée pour faire irruption dans les riches territoires du Nord.* » Ainsi stimulée par les appels et les menaces, la communauté internationale répondit par l'organi-

---

1. Les accords de Bretton Woods, signés en 1944 par 44 pays participants, consacrèrent l'abandon de l'étalon-or au profit du Gold Exchange Standard, c'est-à-dire de l'indexation du seul dollar sur l'or, les cours des autres monnaies ayant eux-mêmes une relation fixe, mais ajustable, avec le billet vert. Ces accords sont aussi à l'origine de la création de la Banque mondiale (BIRD) et du Fonds monétaire international (FMI).

sation de grand-messes médiatisées – les Sommets de la Terre – qui rassemblent tous les dix ans les dirigeants d'une centaine de pays, par la tenue des réunions annuelles du G8[1] limitées aux grandes puissances, et par les Congrès de la FAO sur l'alimentation mondiale. Toutes ces manifestations sont à classer sous le titre de « rendez-vous des occasions manquées », comme l'est cette déclaration du millénaire en 2001 qui prit l'engagement de réduire de moitié la faim dans le monde d'ici à 2015 alors qu'à mi-parcours elle a encore progressé.

Le règne du libéralisme

Rome 1996 : le sommet de la FAO rassemble 200 nations décidées à relever le défi de la pauvreté. Le décor est planté : le pape Jean-Paul II et Boutros-Boutros Ghali, le secrétaire général de l'ONU, sont présents. Les chefs d'État défilent à la tribune sur fond de drapeaux nationaux pour dire tous à peu près la même chose ; une seule antienne prévaut : le tout-libéral. On y affirme qu'il est avantageux pour les pays en développement : leurs coûts de production étant plus faibles que ceux des pays industrialisés, ils auront, leur dit-on, une sérieuse chance de s'imposer sur les marchés. Seul Fidel Castro se singularise alors en jouant son rôle d'*hidalgo* des misérables, dressant avec véhémence le procès des nantis. Il y eut une seule exception à ces incantations ; elle était irlandaise et s'inscrivait à contre-courant de ces monologues répétitifs : elle osait affirmer la nécessité de réguler les marchés agricoles. Elle sera balayée par le lyrisme des apôtres du laisser-faire. Pour tempérer cet unanimisme libéral, le discours de la France était attendu, comme toujours dès qu'on touche à l'universel. Déception : son Premier ministre ne sortira pas du diplomatiquement correct. Il déclarera comme les autres qu'une plus grande libéralisation des échanges assurerait mieux que tout autre système la sécurité alimentaire mondiale.

---

1. Le G8 rassemble les huit pays les plus riches du monde : les États-Unis, le Japon, l'Allemagne, la France, la Grande-Bretagne, le Canada, l'Italie et la Russie. Ils représentent 61 % de l'économie mondiale.

Nourrir les hommes, un défi multimillénaire

La faim s'étend inexorablement

La géographie de la faim

Lorsqu'on établit la carte de la faim, un constat s'impose : l'Afrique subsaharienne est la plus touchée par le fléau. On y recense les deux tiers des pays du monde victimes de malnutrition. La disponibilité en nourriture y est actuellement inférieure à celle de 1970 : une personne sur trois souffre de la faim.

On peut certes comprendre que les États les plus proches du Sahara peinent à développer leur agriculture : leur pluviométrie et leurs ressources en eau d'irrigation sont faibles. En revanche, il est navrant que l'Afrique équatoriale soit incapable d'atteindre l'autosuffisance alimentaire alors que son climat offre une végétation luxuriante. Qu'elle continue à recevoir des aides alimentaires permanentes de la Communauté internationale est anormal.

Pourtant, la République démocratique du Congo a vu le nombre de ses sous-alimentés multiplié par trois en dix ans. Famine et malnutrition affectent 70 % de la population. Les causes de cette pénurie alimentaire sont connues. Elles sont humaines et non climatiques.

Depuis la fin de la colonisation, tous les États du centre de l'Afrique ont été secoués par des guerres, des révoltes, des luttes interethniques, des coups d'État qui ont déstabilisé ces jeunes démocraties. Le

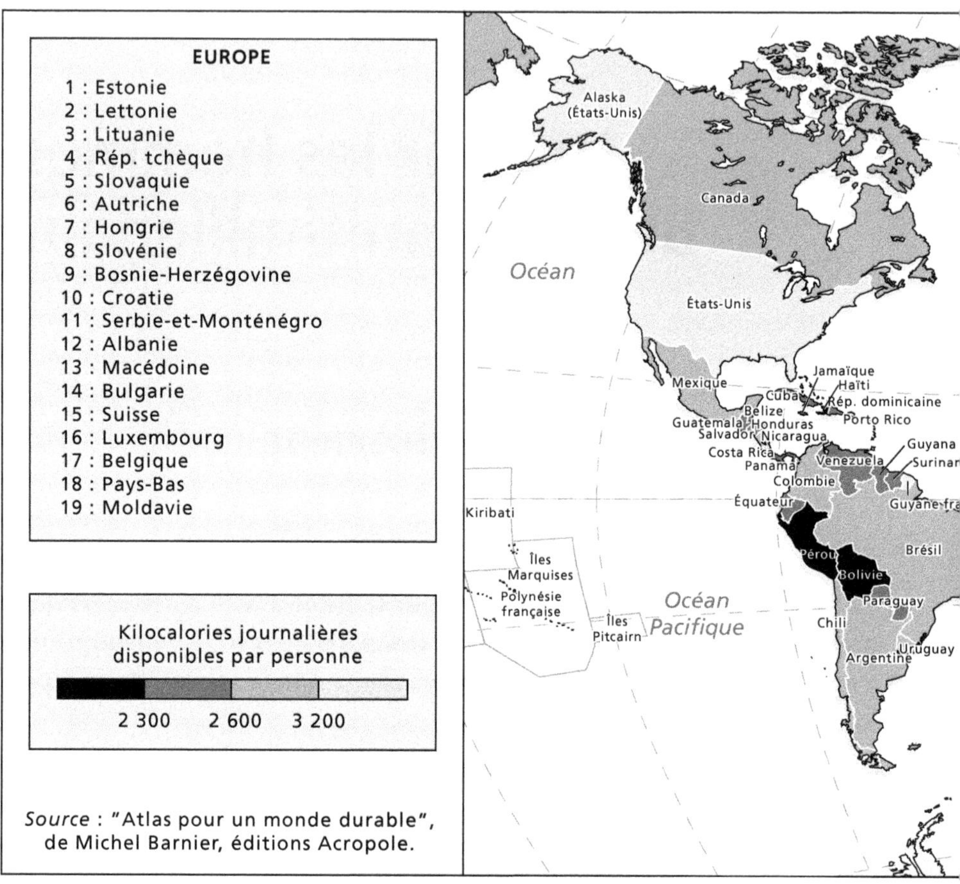

Source : "Atlas pour un monde durable", de Michel Barnier, éditions Acropole.

Pour vivre en bonne santé, il faut au minimum 2 400 calories par jour. Bien répartie, la production alimentaire mondiale pourrait en fournir 2 700 à chacun des habitants de la planète. Le cap historique du milliard d'êtres humains victimes de la malnutrition jusqu'à en mourir a été atteint en 2009. Plus de la moitié des victimes de la faim vivent en Asie (environ 650 millions) ; 300 millions d'entre elles sont en Afrique ; une cinquantaine de millions habitent en Amérique latine et presque autant au Moyen-Orient. Les pays développés ne sont pas épargnés puisqu'on estime à une trentaine de millions les personnes insuffisamment alimentées en Amérique du Nord et en Europe.

Les enfants sont les plus touchés. Dans les pays pauvres, 50 % de cette tranche de la population est mal nourrie, avec des conséquences indélébiles sur leur santé. Fragilisés, ils sont les premières victimes des épidémies quand ils ne meurent pas simplement de l'affaiblissement de leur organisme.

Il est paradoxal de constater que les trois quarts des affamés habitent la campagne, alors qu'on pourrait croire qu'il est plus facile d'y survivre qu'à la ville.

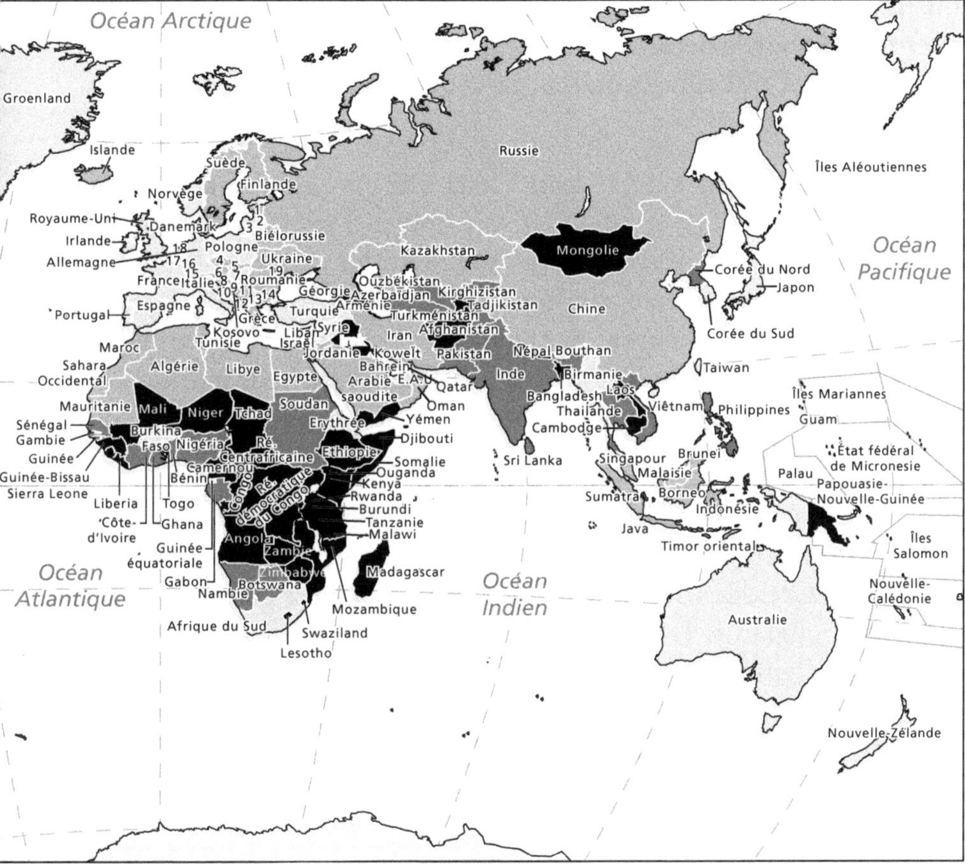

La courbe mondiale de la sous-alimentation est inquiétante. Sur la base de 1970 (850 millions de mal-nourris alors), elle s'est infléchie à la baisse avec un plancher à 820 millions en 1995 pour repartir ensuite à la hausse, avec une accélération en 2008 et une estimation de 1 020 millions de mal-nourris en 2009. Rappelons que l'objectif du millénaire fixé par l'ONU au début des années 1990 était de réduire les victimes de la malnutrition à 420 millions !

L'intensité du fléau, que la carte permet de visualiser, varie de 5 à 35 % :

– 35 % : c'est le taux moyen de l'Afrique centrale avec un record de 50 % pour la République démocratique du Congo ;

– celui du Sud-Est asiatique maritime (depuis la péninsule Indochinoise jusqu'à la mer Caspienne) s'établit à un peu moins de 30 % ;

– en Amérique latine, la moyenne est plus faible : autour de 15 % ;

– pour la Chine, elle est estimée à 15 % aussi, mais dés statistiques sont peu fiables et minimisent sans doute la réalité ;

– même observation pour la Russie.

Liberia, la Sierra Leone en sont sortis exsangues. Le Congo est en guerre civile larvée depuis dix ans. Le Rwanda panse ses plaies après des massacres qui ont coûté la vie à 800 000 personnes en cent jours.

Au Zimbabwe, n'est-t-il pas scandaleux que ce « grenier à blé » du continent des années 1960-1970 soit obligé d'importer la moitié de ses besoins alimentaires et que son président Robert Mugabé, déchu par les urnes mais toujours en place, lui qui a encouragé l'expulsion voire l'assassinat des colons britanniques, l'incendie de leurs fermes et de leurs récoltes, ait eu l'ignominie de refuser un don de maïs américain sous prétexte qu'il pouvait provenir de plants OGM[1] ?

Fin des années 1980, sous un autre régime autoritaire, j'ai parcouru Tananarive, méconnaissable : maisons éventrées, rues encombrées de détritus, bâtiments publics délabrés gardés par des vigiles nonchalants. Les enfants, jetés à la rue faute de pouvoir être nourris par leurs parents, organisés en bandes faméliques, étaient régulièrement rassemblés dans un abattoir désaffecté (quel odieux et sinistre présage !) pour qu'on leur jette de la nourriture que les plus grands disputaient aux plus faibles. Après plusieurs soubresauts politiques, ce pays s'est enfin affranchi de son dictateur et se reprenait à espérer quand un nouveau coup d'État l'a déstabilisé. Mais qui se souvient encore des jours heureux de la Grande Île et de ses performances : le meilleur riz de la planète, son premier rang mondial pour la vanille, la qualité de sa viande de bœuf (le fameux singe de la guerre 14-18 que les soldats mangeaient dans les tranchées boueuses) ?

---

1. Organismes génétiquement modifiés.

Responsables mais pas toujours coupables ?

Soit, nous dira-t-on, aidons le Tiers-Monde, mais sous condition car des préalables s'imposent : le respect de la démocratie et la fin de la corruption. Exigeons que soit mis un terme à l'existence des républiques bananières, aux enrichissements sans cause et au scandale des fortunes illicites. Oui, certes, mais sans faire l'impasse sur l'examen de nos propres turpitudes.

En 1990, dans son discours du Sommet franco-africain de La Baule, François Mitterrand avait cru bon de rappeler à ses hôtes les exigences d'une démocratisation à l'occidentale : transparence des scrutins, indépendance de la justice, liberté d'expression, respect des droits de l'homme. Et pour mieux se faire comprendre, il avait fixé de nouvelles conditions à l'aide de la France qui, avait-il dit, serait *« tiède ou enthousiaste »* selon le degré d'engagement de chaque pays dans le processus de démocratisation. En dépit de ses précautions oratoires, son discours avait choqué car il supposait l'établissement unilatéral d'un fâcheux palmarès des nations en cause ou, pire, d'une liste noire des défaillants. Il sous-entendait aussi une critique des dirigeants qui s'éternisaient au pouvoir sous le bénéfice de constitutions amendées pour la circonstance.

Plus que le fond, ce fut la forme de l'admonestation qui fut mal reçue ; car elle était précédée d'une fresque historique sur la « libération de l'homme » qui fixait son origine à la Révolution française et s'appuyait sur l'émancipation, alors récente, du bloc soviétique. Par différence, il était trop visible que seule l'Afrique restait en dehors de ce mouvement libérateur alors que les mêmes reproches pouvaient parfaitement être émis à l'encontre de l'Asie et de l'Amérique latine. Aussi la « sortie » du président fut interprétée comme un prétexte pour réduire l'aide… ou choisir ses bénéficiaires. Offensés et rétifs, les Africains déclarèrent avec mépris qu'ils ne voulaient pas « jouer à l'âne pour avoir du foin ».

La corruption est une autre raison invoquée pour se donner le droit d'abandonner le Tiers-Monde à son triste destin. Certes, on ne peut nier le fait. Elle existe et sévit à plusieurs niveaux. Certains dirigeants du Sud ont succombé à ces scandaleuses pratiques que la fin des paradis fiscaux pourrait cependant contrarier si les États-Unis confirment leurs intentions d'en découdre avec les pays qui les abritent. Sans disculper ces fautifs, on ne peut cependant ignorer qu'ils se contentent le plus souvent de répondre à des offres en provenance de l'hémisphère nord et qu'une bonne partie de ces pots-de-vin retournent aux intermédiaires mafieux de ces trafics. Il est vrai que la corruption s'étend aussi à toutes les couches de la population dans les pays pauvres. Au bénéfice de ceux qui détiennent un pouvoir d'influence ou une parcelle d'autorité pour délivrer une autorisation ou un titre officiel et s'en servent pour améliorer des revenus de misère ou aider leur famille désargentée qui se révèle d'autant plus numériquement importante et financièrement exigeante que le parent est haut placé.

Sur cette base et pour ces motifs, le système s'est généralisé. Il est devenu la version africaine de la solidarité. Les pays pauvres n'ont cependant pas l'exclusivité de la combine et de la prévarication. Celles-ci prospèrent aussi en pays riche mais à une autre échelle et au profit d'autres publics déjà comblés – ceux pour qui s'enrichir est devenu une raison d'être. Aussi est-on en droit de se poser cette question : à qui faire le plus de reproches ? Une question suivie d'une autre : dans les pays industrialisés, à partir de quelle norme les rémunérations les plus élevées, fussent-elles légales, s'identifient-elle à une prise d'intérêt injustifiée ? Que les censeurs du Tiers-Monde s'en expliquent et nous donnent la clé de leurs jugements péremptoires et les raisons de leur silence assourdissant sur les travers des sociétés occidentales !

Plus pertinent, en apparence, serait l'argument de l'incapacité des administrations des pays en voie de développement (PVD) à gérer les mécanismes qui leur seraient proposés : des marchés communs à l'européenne, des offices publics des ventes à l'export, des contrats de développement. Ce doute désobligeant se nourrit d'une désavantageuse comparaison avec les conditions de mise en œuvre en Europe du plan Marshall dont le succès fut fort justement attribué à la qua-

22

Les pays en voie de développement

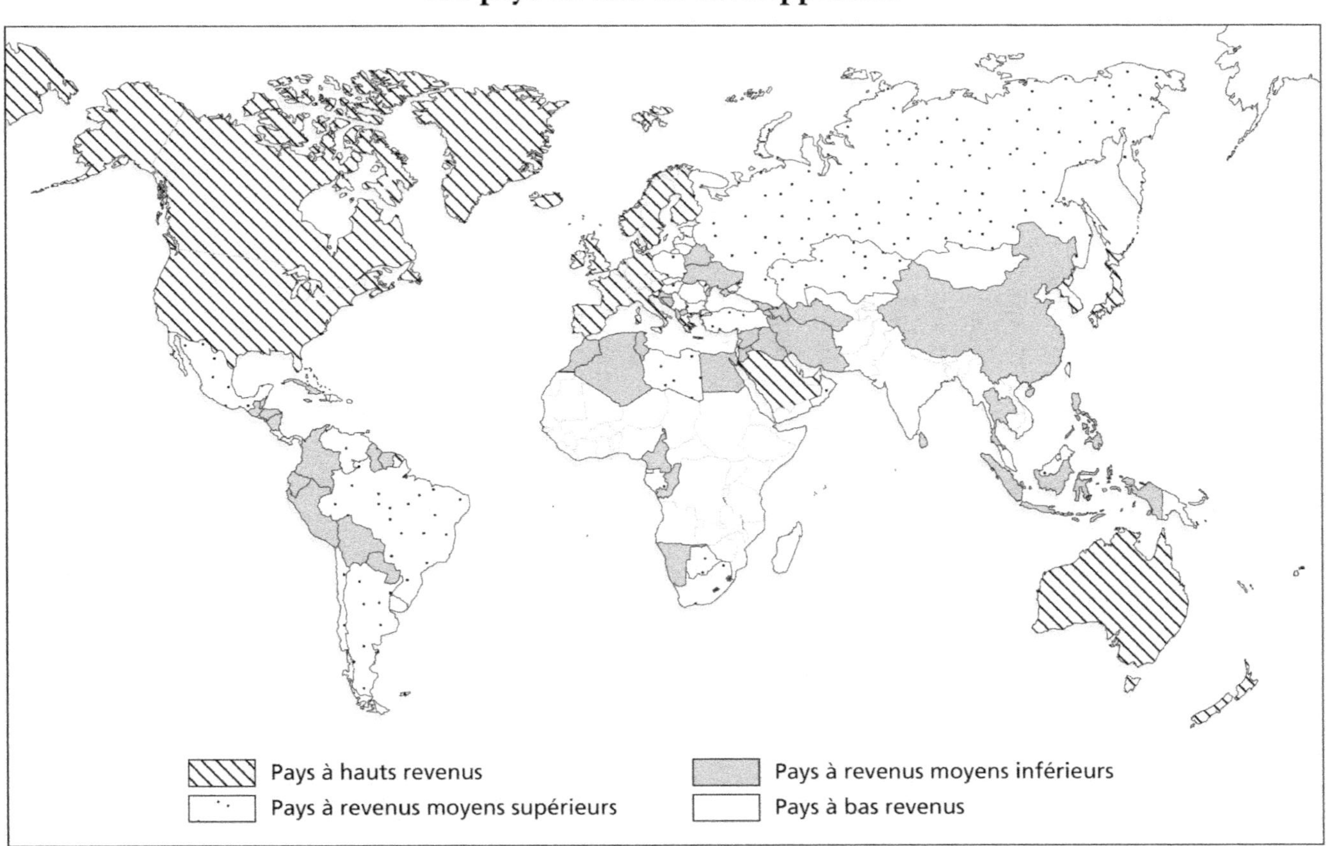

lité des structures d'accueil de l'aide dans des pays bénéficiaires : des collectivités et des professions bien organisées, une administration au service de l'État, compétente et intègre.

Certes, le « terreau » du plan Guillaume[1] n'est pas de même nature et son ambition va au-delà d'une répartition de moyens matériels et financiers destinés à relancer la production, ce qui en rehausse le défi. Mais ce serait faire injure aux PVD que de douter de leur aptitude à saisir toute chance qui leur serait offerte quand il y va de leur survie. L'habileté avec laquelle l'Inde[2] s'impose dans les techniques de l'informatique, son intelligence à miser sur son énorme potentiel de consommation pour fonder de très grosses capacités de production industrielle gérées par des groupes maintenant partis à la conquête des marchés du monde prouvent que la ressource humaine peut être stimulée par un grand espoir de développement.

Dans le Tiers-Monde, la société civile change, surtout là où la liberté fleurit ; le profil des élites s'en trouve profondément modifié. Les jeunes générations arrivent au pouvoir ou s'en approchent après s'être imprégnées des enseignements des grandes universités et de ce qu'il y a de meilleur dans les principes et l'éthique de la gouvernance selon le modèle occidental. Grâce à elles, l'avenir se devine plus radieux que le présent.

Des exceptions réussies mais fragiles

Le désespoir pourrait naître de l'énumération des dérives et des drames recensés sur le continent noir si de belles exceptions ne venaient tempérer le fâcheux constat que la décolonisation a plus profité aux élites qu'à leurs populations. Si l'Afrique du Sud reste un modèle pour son retour en démocratie sans effusion de sang après l'apar-

---

1. Nom donné par les Africains au plan de développement du Tiers-Monde proposé par l'auteur.
2. Notamment par ses grands groupes indiens comme Tata, Mittal, etc.

24

theid, au Sénégal comme au Ghana ou au Bénin, les transitions d'une majorité à une autre ont été correctement assurées et le verdict des urnes honnêtement respecté.

De la même façon, l'Afrique francophone a été moins affectée que d'autres par ces tragédies. Son indépendance a été conduite par des dirigeants éclairés qui avaient acquis une expérience politique en siégeant auparavant dans des assemblées françaises et en participant même à nos gouvernements. Elle n'a cependant pas échappé à des coups d'État avec leurs fâcheuses conséquences : une dégradation progressive de la situation politique, économique et sociale. Sous la présidence d'Houphouët-Boigny, la Côte d'Ivoire était un modèle de transition réussie. Nos entreprises participaient à la modernisation du pays. Des écoles, des universités en lien avec la France formaient les techniciens et les ingénieurs appelés à constituer la trame des dirigeants ivoiriens, jusqu'à ce que des conflits interethniques déchirent le pays et remettent en cause son développement et sa coopération avec la France.

Le Cameroun était un autre exemple de réussite conduite au départ par un leader charismatique, Ahmadou Ahidjo, son président pendant vingt-deux ans. La modernisation agricole y a été privilégiée et son essor engagé avec intelligence et méthode. Des sociétés d'économie mixte[1] (SEM) pour le riz, le cacao, le café, le caoutchouc, l'élevage bovin ont été mises en place ; leur objectif était certes de produire mais aussi d'inciter les agriculteurs à se mettre à leur compte en leur apportant le service du conseil technique et en assurant la commercialisation de leurs produits.

Dans le nord du Cameroun, à proximité de la frontière avec le Tchad, une plantation de riz a été créée en aval d'une digue de 50 km construite sur un fleuve, le Logone, par le génie militaire français.

---

1. Une douzaine de sociétés d'économie mixte ont ainsi été créées ; leur capital est détenu à 70 % par l'État camerounais soutenu par la Banque européenne d'investissement.

Elle était exploitée par la Société d'économie mixte Semry qui exécutait les gros travaux de préparation des sols, les opérations de battage et de décorticage. Les familles agricoles plantaient, moissonnaient, acceptant d'abandonner une partie de la récolte à la Société pour la dédommager de l'exécution des travaux de labour. En deux cultures chaque année, la production atteignait 9 tonnes à l'hectare, ce qui donnait satisfaction à tout le monde jusqu'à ce qu'une initiative gouvernementale d'achat de riz japonais subventionné casse les prix et décourage la production locale. Depuis, celle de Semry se limite à l'autoconsommation...

Dans le Centre-Ouest, un autre projet conduit selon la même méthode visait à développer l'élevage bovin en améliorant les races locales par la sélection tout en encourageant les petits éleveurs à créer leurs propres troupeaux. J'ai pu voir les animaux du ranch du Faro avec le gestionnaire du troupeau, un éleveur remarquable responsable de 12 000 têtes de bétail fractionnées en lots de 70 têtes, et constater la qualité du cheptel qu'il envisageait de croiser avec des races françaises pour améliorer la productivité, tout en conservant la rusticité et la résistance aux maladies des races locales. Depuis, bien qu'une diminution du cheptel soit à déplorer, il est satisfaisant de constater que de petits élevages se sont constitués à proximité du ranch, conformément à l'objectif visé.

Ces exemples prouvent, s'il en était besoin, que l'Afrique ne manque ni d'atouts, ni d'idées, ni d'ambitions. Mais les mettre en valeur exige volonté et stabilité politiques, constance et persévérance dans l'effort. L'argent viendra de surcroît si les projets sont bons. Néanmoins, et nous le verrons plus loin, la sensibilité des matières premières agricoles aux déséquilibres de l'offre et de la demande, celle des revenus des paysans aux fluctuations erratiques des prix qui en est la conséquence appellent une réponse à mi-chemin entre libéralisme et dirigisme : l'autorégulation du marché. Par différents systèmes de protection de leur marché intérieur et par leurs subventions à leurs producteurs, les pays riches ont atteint cet objectif sans vouloir le reconnaître. Ce n'est pas le cas des PVD qui subissent de plein fouet tous les aléas techniques, climatiques et commerciaux de la production agricole. Faut-il alors s'étonner de leurs échecs et de leurs renoncements ?

Une demande alimentaire en pleine expansion

Des besoins insatisfaits

Dans près de quarante pays, les manifestations de la faim ont tourné à l'émeute au printemps 2008. Car la pauvreté ne recule pas, elle progresse et la crise s'accentue sous l'effet de la forte augmentation de la population mondiale, de la croissance des utilisations non alimentaires des denrées agricoles et des explosions conjoncturelles des prix agricoles.

Les statistiques et les prévisions de population sont connues. Après avoir atteint le milliard d'habitants en 1900, notre planète compte aujourd'hui 6,7 milliards d'individus. Au rythme actuel de progression, soit 1,1 % par an – ce qui représente 250 000 bouches à nourrir en plus par jour –, elle atteindra 8 milliards de personnes en 2025 et probablement une dizaine de milliard en 2050. Les démographes estiment pourtant que la baisse du taux de fécondité liée à un phénomène naturel de régulation stabilisera à ce niveau le peuplement de la Terre. Mais ils relèvent cependant le problème de sa répartition géographique déséquilibrée : une bonne moitié de la population mondiale résidera en Asie (5 milliards) et près de 20 % en Afrique, continent qui, avec 1,8 milliard d'habitants, dépasserait l'Inde et la Chine (1,5 milliard pour chacun).

Quand l'augmentation du nombre de bouches à nourrir se conjugue avec la flambée des prix alimentaires (elle a été de + 83 % entre 2005 et 2008), la situation devient vite socialement incontrôlable, notamment dans les pays les moins avancés du Tiers-Monde. Les familles les plus démunies consacrent l'essentiel de leurs dépenses à la nourriture : généralement au-delà de 50 % alors qu'en Europe ce taux ne dépasse pas 15 %. Or, en un an, le prix du riz – céréale essentiellement consommée en Asie – a presque triplé quand celui du blé a été multiplié par deux. La facture est lourde pour les plus pauvres. En Algérie, elle a doublé en cinq ans. En une seule année, elle a progressé de 85 % en Haïti, de 65 % au Bénin, de 48 % au Sénégal… Elle est lourde aussi pour l'Égypte, qui importe la moitié de sa consommation de blé, ayant fait le choix délibéré de réserver les terres fertiles et irriguées de la vallée du Nil aux productions maraîchères. Or, on mange du pain au Caire : 400 grammes par jour et par personne, soit deux fois plus qu'en France.

La pénurie : un cauchemar lointain pour les uns, une réalité quotidienne pour les autres

Personne, tant qu'il ne l'a pas vécu, ne peut imaginer ce que représente la hantise du jour sans pain. De celle-ci, l'Europe est préservée. Sa sécurité alimentaire est assurée depuis un siècle et demi. Elle n'a pas connu de famine depuis celle de l'Irlande au milieu du XIXe siècle. Là-bas, durant plusieurs années, la récolte de pommes de terre qui constituait la base des repas quotidiens avait été catastrophique. La pénurie avait provoqué près d'un million de morts. Deux autres millions d'Irlandais avaient émigré, pour la plupart aux États-Unis.

Un siècle plus tard, l'Europe subissait les privations sous l'occupation nazie. Mais le rationnement n'est pas la disette. Pensionnaire dans un collège durant la guerre, Chantal se souvient encore de la soupe du petit déjeuner qui remplaçait le café au lait, des rutabagas et des topinambours servis à la place des pommes de terre, des rares morceaux de bœuf bouilli qui constituaient le luxe alimentaire de la semaine… et du biscuit vitaminé distribué aux écoliers en récréation invités à chanter en forme de remerciement le fameux refrain « *Maréchal, nous voilà…* ». Certaines denrées étaient, il est vrai, introuvables, sauf au marché noir. Pour les mères de famille patientant des heures durant devant les boulangeries et les charcuteries sans avoir la certitude d'être servies, le ravitaillement était une hantise. Mais on ne mourait pas de faim. Le système D complétait le régime officiel des cartes d'alimentation et le troc ancestral retrouvait la faveur des citoyens. Les citadins se découvraient des cousins paysans qu'ils avaient jusque-là ignorés. Les réquisitions exigées des agriculteurs parvenaient à être partiellement contournées pour être clandestinement distribuées.

Rien de commun avec l'angoisse permanente des populations faméliques des pays pauvres qui, jour après jour, repoussent la mort devant elles en mangeant le peu de nourriture que le hasard veut bien leur destiner. Survivre est leur seul horizon, leur seul objectif. Une obsession que la romancière Pearl Buck[1] décrivait à propos de la Chine des années 1930, quand les familles du Nord, réfugiées au Sud, devaient gagner au moins une piastre par jour pour bénéficier d'une aide publique en bols de riz. Elle rapportait que, le soir, dans les abris adossés aux murailles des villes qui servaient de refuges à ces déracinés, le seul objet de conversation, de préoccupation des parents comme des enfants portait sur le moyen de gagner, le lendemain, le petit sou libérateur.

Des ressources mal partagées

L'Afrique à nouveau colonisée ?

Le pillage des richesses est une critique couramment émise, principalement à l'encontre des puissances européennes qui se sont implantées en Afrique, essentiellement au cours du XIXe siècle. Pour qu'il ne se renouvelle pas sous d'autres formes, il est important de savoir comment, maintenant, le continent africain négociera son pétrole dont on découvre là-bas de nouveaux gisements à exploiter, comment il valorisera ses ressources en divers minerais dont il détient le tiers des réserves

---

1. *The Good Earth*, traduit en français *La Terre chinoise*, 1931, prix Pulitzer 1932.

L'augmentation des personnes sous-alimentées

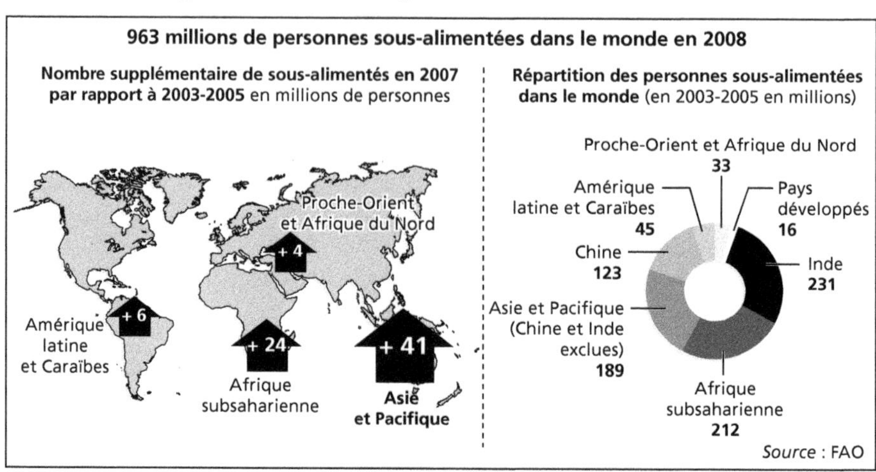

mondiales. Des convoitises se manifestent. Celles de la Chine, notamment, qui a un énorme besoin de matières premières et s'emploie à courtiser les chefs d'État, y compris les moins recommandables, ceux que les Occidentaux ont mis à l'index pour leur mépris des Droits de l'homme, une préoccupation qui ne hante pas les dirigeants de l'empire du Milieu, pas plus que celle du partage équitable du bénéfice de l'exploitation de ces richesses. Que fera l'Afrique de cette pluie de dollars… qui n'arrose pas tout le monde parce qu'elle est confisquée par quelques-uns ? Aura-t-elle la sagesse de l'employer à investir plutôt que de la considérer comme une rente durable ? L'avenir du continent noir dépend de la réponse à ces questions. Il dépend aussi de la vision géopolitique de l'Occident dont l'intérêt à long terme est de contribuer à l'essor agricole, industriel et culturel de cet immense territoire qui, rappelons-le, comptera 1,8 milliard d'habitants en 2050, soit le double d'aujourd'hui. Car l'appauvrissement du Sud se traduit en marchés qui se ferment pour l'hémisphère Nord et, au-delà, il est pour l'Occident une menace que le fanatisme religieux exacerbe.

La forêt équatoriale pillée et massacrée

Depuis que le réchauffement climatique est la grande préoccupation qui mobilise les écologistes, les géographes, les explorateurs qui, les uns et les autres, n'en finissent pas de mesurer l'épaisseur de la glace polaire, de relever le recul de la banquise, de se quereller sur les prévisions de hausse de la température moyenne de la planète et de la montée des eaux des océans appelées à recouvrir les basses terres en modifiant la géographie des continents…

Depuis que les médias, assistés de scientifiques choisis, ont expliqué – images spectaculaires à l'appui – les méfaits de la pollution atmosphérique en établissant le classement des nations coupables…

Depuis qu'on estime l'émergence de ces dangers à l'échéance d'un siècle…

Le grand public s'indigne de la destruction des forêts de la planète qui contribuent à l'équilibre climatique en assainissant l'atmosphère, absorbant son CO_2 et lui restituant de l'oxygène. Mais les forêts, où sont-elles ? Pour l'essentiel, elles ceinturent la Terre sous les tropiques[1]. Celles-là sont les plus menacées. Chaque semaine une superficie boisée équivalente au Luxembourg disparaît. En sont pour partie responsables les populations pauvres d'Amérique du Sud, d'Afrique et d'Asie qui pratiquent de façon ancestrale le brûlis pour planter sur des terres vierges et récolter de quoi vivre. Mais peut-on le leur reprocher sans leur fournir d'autres ressources ?

Moins admissibles encore sont les défrichements massifs d'entrepreneurs soutenus par des financiers apatrides pour créer d'immenses domaines de production agricole au Brésil ou en Argentine, supprimant ainsi les puits naturels de carbone que représentent ces forêts. L'ampleur des destructions a tout de même attiré l'attention de la

---

1. Les forêts tropicales couvrent 900 millions d'hectares en Amérique du Sud, 500 millions d'hectares en Afrique et 260 millions d'hectares en Asie.

communauté internationale. Pour autant, celle-ci ne peut pas demander à ces PVD de conserver leur forêt au titre d'un patrimoine mondial écologique inestimable sans leur accorder de justes compensations.

Un autre exemple de gaspillage de ressources ou d'agression du milieu naturel – moins spectaculaire mais tout aussi dévastateur – est pratiqué par des entreprises étrangères qui exploitent les bois d'œuvre et les bois précieux. La forêt tropicale du bassin du Congo (1,9 million de km^2, soit 3,5 fois la France), est par exemple l'objet d'une surveillance active, plus efficace qu'en Amazonie car les dirigeants noirs, au pouvoir parfois incertain, sont plus influençables que leurs collègues sud-américains. Profitant du laxisme, voire de la complicité des autorités, certaines entreprises forestières étrangères ont exploité sauvagement la ressource pour en tirer rapidement le plus grand profit, en effectuant des prélèvements abusifs d'essences nobles sans se préoccuper outre mesure de leur renouvellement ni des dégâts irréversibles causés par leurs pratiques. La communauté internationale a fini par s'en émouvoir et, en 1992, le Sommet de Rio a fixé des objectifs économiques, sociaux, culturels et écologiques à l'exploitation de la forêt primaire menacée.

Une réponse au pillage...

Directement interpellé, un groupe de 300 entreprises européennes, toutes déjà implantées en Afrique, s'est alors investi dans la rédaction d'une charte fondée sur ces principes avec le concours des ingénieurs et des chercheurs agronomes et forestiers du Cirad[1] de Montpellier, universellement appréciés pour leurs compétences et leur expérience. Dix-sept d'entre elles, qui exploitent 20 millions d'hectares (soit plus que la forêt française qui en compte 16 millions), ont créé une structure de conseil et d'encadrement destinée :

---

1. Cirad : Centre de coopération internationale de recherche agronomique pour le développement des pays du Sud et de l'Outre-mer français.

* à fixer des normes de gestion durable à respecter (taille minimale des grumes[1], taux de prélèvement, rythme de rotation des exploitations successives, précautions d'abattage) ;
* à réserver les emplois aux autochtones et à leur assurer une formation adéquate ;
* à contribuer à l'amélioration des conditions de vie dans les villages nichés au creux de la forêt, dépourvus de tout.

Ils répondaient ainsi de bonne manière au boycottage des bois tropicaux qui avait été organisé en Europe pour protester contre le saccage de la forêt africaine. Désormais, une certification apposée sur leurs produits donne la garantie qu'ils procèdent d'une gestion durable ; elle justifie un prix plus élevé des produits en intégrant leurs coûts sociaux et écologiques, pratique qui s'apparente au commerce équitable.

… Avant l'arrivée d'un nouvel envahisseur

C'était compter sans l'arrivée d'un redoutable concurrent dans le bassin forestier du Congo : la Chine, avec des méthodes à l'opposé de celles, vertueuses, qu'il faudrait généraliser. Car ses entreprises, une fois le permis d'exploiter acquis, entendent travailler selon leurs propres normes. Elles créent à leur frais les infrastructures dont elles ont besoin (routes, ponts, voies ferrées), se payant en grumes. Celles-ci sont embarquées en l'état pour être travaillées dans leur pays et revendues dans le monde entier sous forme de produits finis à des prix imbattables. Seules deux usines de contreplaqué ont été implantées à Pointe-Noire ; leurs employées sont les femmes des bûcherons chinois qui travaillent dans la forêt. Cette population immigrée, bien décidée à rester en Afrique parce qu'elle s'y sent plus libre et mieux rémunérée que dans son propre pays, vit le plus souvent en vase clos, sans contact avec la population indigène. Les cadres eux-mêmes ne communi-

---

1. Partie utile de l'arbre – le tronc essentiellement – destinée à la fabrication de meubles ou à la construction de charpentes.

quent pas avec l'extérieur, refusant d'apprendre le français, langue commune pratiquée dans tout le bassin du Congo. C'est désormais plus qu'une colonie, c'est un État dans l'État. Toléré par les gouvernants, cet isolement volontaire, qui confine parfois au mépris, est très mal ressenti par la population. Après avoir applaudi au remplacement de l'ancien colonisateur par une puissance nouvelle dont l'émergence stupéfie le monde, les autochtones voient maintenant d'un très mauvais œil ce nouvel envahisseur qu'ils percevaient auparavant comme un utile contrepoids à la présence occidentale. Peut-être même en arrivent-ils à se demander, à leur tour, si l'Afrique ne travaillerait pas, depuis l'indépendance, à sa recolonisation. On peut du moins penser que, si là était son but, elle ne s'y prendrait pas autrement…

La consommation toute-puissante

« Le surplus, chose très nécessaire »

Mais, comme tout malade oublie ses souffrances et retrouve sa joie de vivre dès que la santé revient, les Européens ont été saisis à la Libération, sitôt l'abondance retrouvée, d'une frénésie de consommation. Avec des exigences nouvelles de diversité, de présentation et de conditionnement des produits alimentaires, de fourniture à contre-saison des fruits et légumes. Et pourtant, ils récusent le recours aux technologies nouvelles de production et réclament, tout au contraire, le retour aux méthodes anciennes – qui affameraient nos pays si elles étaient majoritairement pratiquées ! Un égoïsme de riches qui ne laisse pas de miettes au pauvre et que le pauvre ne supporte plus. Le consommateur aisé songe-t-il qu'il contribue à la raréfaction des denrées alimentaires disponibles en rejetant la productivité qu'à tort il oppose à la qualité ?

Béatrice, mère de famille qui conduit en voiture chaque jour ses deux enfants à l'école primaire avant de se rendre à son travail étant naturellement soucieuse de leur santé, a bien l'intention, lors de la prochaine réunion de parents d'élèves, d'exiger de la cantine scolaire les menus diversifiés et équilibrés qu'elle n'offre pas aux siens, faute de temps, s'excuse-t-elle. Avec quelques autres mamans, elle s'apprête même à réclamer un changement de la composition des plats par l'introduction de produits « bio ». Peut-on le lui reprocher ? Non, car la médiatisation et l'exploitation politique de leurs prétendus avantages, simple postulat qu'aucune preuve scientifique n'est venue démontrer, le dénigrement de la production agricole conventionnelle par des négationnistes patentés l'ont convaincue du bien-fondé de sa réclamation. Néanmoins elle déclarera qu'il est impossible de demander une augmentation correspondante de la participation financière des familles à cette dépense supplémentaire, et qu'il appartient à la collectivité de la prendre à sa charge. Une revendication qui s'ajoute à d'autres, par exemple celle de menus adaptés aux interdits de certaines religions. C'est alors que, confronté à cette demande qu'il ne peut accepter, le maire du village, plutôt que d'argumenter sans espoir de convaincre, eut l'idée d'afficher au mur une grande photo : celle d'un enfant asiatique en pleurs tenant dans ses mains un bol vide. C'était un orphelin cambodgien, innocente victime des Khmers rouges, dont la chance d'aller à l'école pouvait tenir au parrainage d'un jeune Français qui accepterait d'abandonner pour lui un peu de son confort douillet. Ainsi présentée, la cause était entendue. On en oublia la cuisine « bio ». Et le principe d'un jumelage entre deux écoles distantes de milliers de kilomètres fut approuvé sans réticences.

L'effet de mode bio

Au regard de cette anecdote, l'ambition affichée par le Grenelle de l'environnement de consacrer à la production du bio 20 % des terres agricoles (ce qui ferait chuter leurs rendements de 50 %) est une faute car elle est une brèche dans l'ardente obligation d'augmenter la production agricole.

Avant d'annoncer triomphalement cette réorientation, le ministre en charge aurait pu s'informer des conséquences de sa décision. Il aurait alors appris, sur le seul exemple du blé, qu'avec 20 % en bio, la production chuterait de 5 millions de tonnes, soit à peu près le tonnage moyen annuellement exporté. Tout simplement parce que le rendement moyen du blé biologique est de 24 quintaux à l'hectare quand celui du blé traditionnel est de 74 quintaux (statistiques 2008). Il est d'ailleurs stupéfiant que son collègue ministre de l'Agriculture n'ait rien trouvé à redire à ce changement de cap délibéré.

Cet encouragement au bio, dont le but politique et médiatique n'a échappé à personne, pourrait faire école dans d'autres pays à haut niveau de vie, là où le consommateur a les moyens de sacrifier à la mode ou à ses fantasmes. Par ailleurs, est-il bien raisonnable de développer ces produits quand leurs marchés trop étroits ne peuvent les absorber ? Sait-on que 40 % du lait bio (qui est subventionné) est reversé dans la filière conventionnelle faute d'acheteurs ?

Certes, en système libéral, le client est roi. S'il prend au consommateur la fantaisie de préférer le bio, c'est son droit, même si la démonstration n'a pas été faite que sa composition est différente du produit conventionnel, qu'il est meilleur et plus sain. Mais que l'État subventionne ce choix, par ailleurs inaccessible à la ménagère modeste, relève de la provocation pour ceux que leur ration alimentaire quotidienne maintient à peine en vie.

De l'essence pour les riches ou du pain pour les pauvres ?

Dans le même esprit, est-il admissible que la production disponible pour l'alimentation se réduise des volumes utilisés pour fabriquer des biocarburants à partir de céréales, de betteraves et de canne à sucre pour l'éthanol, et d'oléagineux pour le diester ? Plusieurs raisons concordantes ont favorisé leur rapide développement :

- l'intérêt d'utiliser les jachères, terres gelées par les autorités de Bruxelles pour réduire le potentiel agricole par crainte d'excédents ;

* les flambées récurrentes du prix du pétrole qui ont invité à rechercher activement des énergies renouvelables de substitution ;
* l'accent mis sur les carburants propres pour combattre la pollution.

C'était une opportunité à saisir. Pierre, agriculteur dans le nord de la France que le maintien en jachère de 10 % de ses terres irritait malgré la perception d'une indemnité compensatrice, n'hésita pas à remettre en culture ses superficies ainsi gelées, s'engageant à livrer à sa coopérative la production qui en serait issue. Certes, le prix fixé par contrat et la prime européenne complémentaire lui assuraient une rentabilité modeste. Mais sa motivation n'était pas financière ; elle répondait à cet atavisme paysan qui ne peut tolérer de laisser un champ inculte. Une directive de Bruxelles visant un taux d'incorporation de 10 % d'éthanol dans l'essence fit le reste : en Europe, la course aux investissements industriels était engagée. Le Brésil et l'Amérique du Nord avaient montré l'exemple en prélevant l'un sur sa récolte de canne à sucre, l'autre sur celle de maïs – les matières premières nécessaires pour produire 95 % de l'éthanol mondial. Aujourd'hui on estime que, d'ici dix ans, 20 % des terres arables dans le monde pourraient être consacrées à la production de pétrole vert, ce qui ne représenterait encore que 12 % de la consommation totale de carburant et à condition bien sûr que le marché rentabilise aussi bien les denrées destinées à fabriquer l'éthanol et le diester que celles réservées à la consommation humaine et animale. Ce qui n'est pas certain : Pierre le comprit lorsque, début 2008, il dut honorer son contrat de livraison au prix convenu pour son blé transformé en éthanol quand la même céréale destinée à la meunerie affichait un prix deux fois plus élevé. Il comprit aussi que le yo-yo des prix agricoles et du pétrole relativise l'intérêt des biocarburants car il conditionne leur rentabilité.

Néanmoins, restons lucides. En dépit des besoins alimentaires insatisfaits et de l'augmentation du prix des denrées agricoles, ces matières premières de l'éthanol et du diester, la fabrication des biocarburants ne sera pas abandonnée. Les usines de distillation sont en place.

Aux États-Unis, elles transforment 20 % du maïs, soit 60 millions de tonnes par an. Au Brésil, d'immenses champs de canne à sucre ont été plantés qui produisent déjà près de 200 millions d'hectolitres d'alcool en utilisant la moitié de la récolte de canne. Ces outils industriels devront être rentabilisés. Tout au plus peut-on recommander de privilégier l'usage des technologies de deuxième génération qui, en distillant des plantes entières ou mieux encore des déchets cellulosiques, permettraient de réserver toutes les céréales à la consommation humaine.

La course au progrès matériel n'est certes pas condamnable, sauf lorsqu'elle ne profite qu'à une minorité. Pour la préserver d'éventuelles dérives, il appartient aux hommes politiques de lui donner un sens et une éthique et de veiller à un partage équitable des bénéfices attendus. Ce temps n'est pas encore venu.

Le scandale du malthusianisme agricole

Indifférents au drame de la faim dans le monde, uniquement préoccupés du bon équilibre offre/demande solvable, les décideurs européens, chefs d'État, Commission, Conseil des ministres, Parlement, ne se sont pas contentés de contingenter la production des agriculteurs. Ils ont procédé sans état d'âme à de honteuses destructions de stocks de denrées agricoles.

Les aberrations du système

Une destruction massive de viande comestible

En 2000, rien qu'en France, 55 000 tonnes de carcasses de bovins ont été sorties des congélateurs pour être incinérées dans le but de dégager les marchés encombrés et de faire remonter les cours. Les autorités européennes avaient estimé que c'était la méthode la moins coûteuse pour faire disparaître cet excédent. Après dénaturation pour décourager les fraudeurs, ces viandes ont été transformées en farines qui, elles-mêmes, après un stockage onéreux, ont été détruites.

Quand on calcule le coût de ces opérations en cascade[1] et qu'on le compare à celui d'une livraison gratuite en Afrique (même s'il était nécessaire de conditionner cette viande en conserves pour en faciliter

---

1. Le coût total de l'opération est estimé à près de 200 millions d'euros.

le transport et la distribution), il n'est pas certain que la différence eut été en faveur de la solution retenue par les technocrates de Bruxelles. Et même, à supposer qu'elle le fut, qui aurait osé reprocher à la Commission européenne une dépense supplémentaire pour mener à bien cette opération humanitaire de bon sens ? Au diable l'objection majeure qu'on nous aurait opposée : le risque de perturbation des marchés locaux et de pénalisation des producteurs du Sud, concurrencés par ce don de circonstance. L'argument est un prétexte, pas une raison ; car il était parfaitement possible de répartir ce stock comme on gère l'aide d'urgence.

Ce n'était pas le souci du haut fonctionnaire européen en charge de la gestion des marchés agricoles. Pour lui, les paramètres sont financiers – mesurer la dépense pour la maîtriser – et économiques – assurer l'approvisionnement du consommateur européen. Son clignotant est la surveillance du panier de la ménagère ; son casse-tête consiste à se projeter dans le moyen terme pour définir la ligne directrice d'une politique fiable. La règle à calcul est son outil de base. Les statistiques, les mercuriales, les études prospectives sont censées justifier les orientations qu'il propose. À moins qu'elles ne les condamnent, car, quelques mois après la fin de la campagne d'incinération, les opérateurs commerciaux se concurrençaient à l'achat des stocks de viande résiduels ! Mais ce haut fonctionnaire n'a pas d'état d'âme pour autant. Il se déclare insensible aux lobbies, aux pressions politiques. Bien dans sa peau, il se révèle intransigeant dans l'exercice de sa fonction. Alors il tranche, y compris contre le bon sens et même contre l'éthique. Car cet administrateur, anonyme pièce de l'échiquier bruxellois, est un récidiviste. Il a fait pire.

Les jeunes veaux euthanasiés

En 1996, l'Union européenne connaissait un nouvel excédent de viande bovine après tant d'autres. Faute de l'avoir prévu et d'avoir recherché à temps des débouchés, les eurocrates prirent une mesure d'abattage et d'incinération, dès la naissance, des veaux mâles nés dans les élevages laitiers moyennant une prime de 122 euros à l'éleveur, ce qui, à terme, avait évidemment une incidence sur le volume de viande produit. En France, en trois ans, 600 000 veaux furent ainsi euthanasiés au titre du programme Hérode ainsi identifié par la Commission européenne, qui s'ingénie à chercher dans l'Histoire ou dans la mythologie grecque et latine des acronymes évocateurs pour personnaliser ses politiques (Erasmus, Poseïdom…). Mais quel est donc, au Berlémont – ce Parnasse européen sans âme –, le technocrate à l'imagination perverse qui a osé baptiser « Hérode » ce sacrifice des veaux en référence au massacre des Innocents perpétré, selon les Évangiles, par le roi de Judée pour éliminer avec plus de certitude Jésus, le Messie annoncé ? Et comment le collège des commissaires a-t-il pu adopter cette ignoble proposition ? Pourtant, aucune voix professionnelle, aucune voix politique ne s'est élevée pour dénoncer ce péché contre l'esprit. Finalement, en 2000, cette mesure n'a pas été reconduite. De l'aveu même de la Commission européenne, ce n'est pas pour une raison d'éthique mais sous la pression des associations de défense du bien-être animal, ce qui donne une piètre opinion des priorités et mobiles de Bruxelles.

Les dons de lait interdits

Pour un aveuglement du même ordre, c'est un sentiment d'indignation qu'ont manifesté les éleveurs français à l'annonce du refus par les instances communautaires de les autoriser à livrer gratuitement leurs dépassements de production de lait à des associations caritatives. En 1988, suite à leur rencontre avec Sœur Emmanuelle, la protectrice des chiffonniers du Caire, ils étaient effectivement prêts à accroître leur production pour livrer gratuitement en Égypte ce supplément aux dispensaires et aux écoles de la Congrégation religieuse animés par cette Sœur mondialement connue. Ce don exemplaire aurait pu s'étendre ensuite à d'autres pays du Tiers-Monde. Il avait, en outre, l'avantage de ne pas porter atteinte à la maîtrise des quantités commercialisées. Néanmoins, les autorités communautaires s'y opposèrent. Sauf, dirent-elles, si les volumes gracieusement donnés étaient comptabilisés à l'intérieur des quotas individuels de production et non en plus. Or, cette condition était dissuasive car elle amputait d'autant les recettes indispensables aux éleveurs. Dès lors, la portée du don ne pouvait plus que se limiter à un geste symbolique.

Un gel de terres imposé

Le gel d'une partie des terres arables d'Europe est une autre insulte aux pays de la faim. Il a pourtant été décidé en 1992 au titre de la maîtrise de la production agricole, dont les surplus ne trouvaient preneurs qu'à vil prix sur un marché mondial ignorant volontairement le non-solvable, c'est-à-dire les pays pauvres. Pour atteindre cet objectif, l'histoire agricole a fait un bond en arrière de cinquante ans en redécouvrant les jachères – cette pratique culturale ancestrale dont l'objet était de laisser reposer la terre une année sur trois ; prétendument pour que la terre renouvelle sa capacité de produire, car à l'époque on ne connaissait pas les fertilisants minéraux, mais plus réellement pour faire germer les graines indésirables enfouies en vue de les détruire par un travail du sol en été parce qu'on ne disposait pas des désherbants chimiques sélectifs actuels, qui ont la propriété d'éliminer les mauvaises herbes directement dans la récolte sans lui porter préjudice.

L'assolement triennal – blé pour faire le pain, avoine pour nourrir les chevaux (seul mode de traction existant) et jachère pour nettoyer les terres – était la règle depuis l'Antiquité. Cette pratique, à laquelle s'apparentent les brûlis d'Afrique ou d'Amérique latine, avait disparu lors de la montée en puissance de l'agriculture européenne et de l'émergence des nouvelles techniques de production. Les eurocrates l'ont ressuscitée. Ministre, je m'y étais formellement opposé à Bruxelles. La veille du Conseil ministériel qui devait en décider, parcourant mes champs par un beau dimanche après-midi, comme je le faisais chaque week-end pour programmer les travaux de la semaine à venir, je m'inquiétais du contenu du compromis à trouver qui ménagerait les intérêts français. Le printemps était proche et, depuis plusieurs jours, le soleil réchauffait les terres réservées aux semis de printemps.

Devant moi s'étendait un champ sans végétation. Sous le gel et les intempéries de l'hiver, le gros labour d'automne s'était ameubli. En surface, la terre s'émiettait, asséchée par le soleil et le vent. Dans quelques jours, le passage d'un outil léger suffirait à aplanir le sol et à préparer un lit de semences adéquat. Un travail si motivant que j'en venais à regretter de ne pouvoir le faire moi-même plutôt que de m'enfermer dans une salle obscure de Bruxelles pour un interminable marathon agricole à l'issue duquel le droit de produire serait amputé. Mais à laisser cette terre inculte, le paysan qui vit en moi ne pouvait se résoudre. Ministre, je m'indignais que des considérations politiques internes à l'UE puissent prendre le pas sur les préoccupations humanitaires quand, dans les favelas brésiliennes, les taudis philippins ou les bidonvilles africains, la faim tenaillait les plus pauvres.

Pour toutes ces raisons, je n'avais pas d'autre choix que de refuser ce gel auquel tous mes collègues européens s'étaient déjà résignés. En dépit de cet isolement et malgré l'obstination de la Commission européenne, j'obtins gain de cause… Pour un temps seulement car celle-ci, tenace, profita quatre ans plus tard du changement de majorité politique en France pour revenir à la charge et emporter la décision, au prix d'une réglementation coercitive et tatillonne. Car les eurocrates ont la hantise de la fraude. Considérant que le diable est dans les détails, ils s'attachent à perfectionner les mécanismes, à multiplier les contrôles quitte à injurier le bon sens. Par exemple, lorsqu'ils interdisent le broyage des repousses sur les parcelles en jachère avant la mi-juin – soit après la montée en graine des mauvaises herbes –, ce qui oblige, la saison suivante, à des désherbages chimiques intensifs pour les détruire ; ou bien en autorisant trop tardivement les éleveurs sinistrés par une sécheresse persistante à récolter sur leurs jachères un peu de fourrage quand, déjà sec sur pied, il a perdu toute valeur nutritive.

Sous le feu des critiques, Bruxelles a fini par accepter quelques assouplissements. L'objectif visé étant de réduire les surfaces en production destinées à l'alimentation humaine et animale, toute autre utilisation des sols pouvait être tolérée. Aussi, jamais à court d'idées pour atténuer les effets de ce nouveau malthusianisme, les agriculteurs proposèrent-ils plusieurs assouplissements : la jachère industrielle pour produire des biocarburants, la jachère faunistique pour favoriser le développement du petit gibier, la jachère environnementale en protection des cours d'eau. En outre, ils obtinrent que le taux du gel des terres soit ajusté chaque année au vu de la situation du marché (entre 0 et 10 %). En France, plus d'un million d'hectares furent ainsi retirés de la production, soit près de 7 millions de tonnes d'équivalent blé. Parallèlement, dans le secteur de l'élevage, les quotas laitiers et le plafonnement du nombre de primes destinées aux bovins et aux ovins contribuèrent à réduire la production agricole… ce dont profitèrent les Néo-Zélandais et les Américains pour augmenter la leur : une preuve, s'il en était besoin, que seule une politique mondiale d'approvisionnement et de régulation des marchés peut apporter les sécurités qu'attendent producteurs et consommateurs, et prendre en compte matériellement et financièrement l'énorme déficit alimentaire du Tiers-Monde.

À chacun ses pauvres ?

La hantise des stocks qui s'accumulent dans les frigos est toujours si présente à l'esprit des gestionnaires communautaires qu'ils interdisent tout assouplissement aux volumes de production autorisés, ignorant tout autre débouché que le marché solvable, quelles que soient les raisons invoquées. Au-delà de l'aide alimentaire d'urgence, la seule entorse tolérée au circuit commercial le fut au profit des nécessiteux de l'Union européenne. Parlementaire européen au début des années 1990, je réussis à obtenir une ligne de crédit annuellement reconductible de près de 200 millions d'euros[1], pour financer des distributions de produits alimentaires prélevés sur les stocks communautaires. En signe de bonne volonté, la Commission fit cette concession aux députés européens, attachés eux-mêmes à prouver leurs bonnes dispositions envers « leurs » pauvres. À ma demande, les banques alimentaires furent chargées de la répartition. Elles le firent parfaitement malgré le handicap des insuffisances de réseau et d'organisation dans certains États membres. Les difficultés vinrent plutôt de la nature des produits à distribuer. Car chaque pays, parce qu'il y trouvait son intérêt, prétendait vider ses entrepôts en fournissant ses excédents de beurre, de viande, de conserves, de céréales… Pour faire plaisir à tout le monde, on fractionna les achats, on diversifia leurs origines, on fit appel à un plus grand nombre de fournisseurs, on étendit la gamme des produits jusqu'à y introduire des raisins secs pour que la Grèce, n'ayant rien d'autre en stock, figure parmi les livreurs ! C'était bien évidemment contraire à toute logique et, en outre, préjudiciable au coût de l'opération inutilement grevée d'une charge de transports irrationnels. De ce fait, les pauvres furent un peu moins bien servis.

Cette brèche dans l'indifférence à la pauvreté subsiste. Mais elle n'a pas franchi les frontières de l'Europe des Vingt-Sept, faute de disponibilités. Car, depuis sa réforme, la PAC (Politique agricole commune) vise seulement l'autosuffisance sous la pression des Allemands et des Britanniques qui préféreraient une Europe déficitaire afin de pouvoir importer des denrées agricoles de pays tiers en échange de la vente de leurs produits industriels. À n'en pas douter, le malthusianisme agricole, qui dispose en Europe de lobbies financiers et commerciaux et s'alimente des gesticulations des écolos et altermondialistes de profession, a encore de beaux jours devant lui…

---

1. Cette ligne de crédit a été reconduite d'année en année depuis son origine ; elle s'établit à 500 millions pour tenir compte de l'élargissement de l'Union européenne aux pays de l'Est central où les démunis sont proportionnellement plus nombreux qu'à l'Ouest.

Un demi-siècle de tâtonnements

Autant d'entorses à la solidarité et à la justice ne peuvent être ni méconnues ni oubliées. L'inacceptable contraste qui perdure entre deux mondes, dont l'un est privé des biens de première nécessité et l'autre regorge de tout – jusqu'à, par sa frénésie de consommation, hypothéquer la qualité de vie de sa descendance –, ne peut se prolonger indéfiniment sans que n'éclate une crise majeure susceptible d'ébranler les fondements de l'humanité tout entière. Trop égoïstes ont été les comportements des plus riches, trop timides les avertissements des plus éclairés. Plus enclins à gérer au mieux les conflits qu'à réformer les systèmes qui les ont favorisés, les grands décideurs du monde ont laissé monter l'orage des frustrations, celles qui précèdent et suscitent l'envie, la haine et le désir de vengeance. Colmater les brèches n'était pas à la hauteur du défi. Pourtant, la communauté internationale s'y est employée, sans succès évidemment.

Les fausses solutions

Les solutions inefficaces sont légion, comme si les grandes nations rechignaient à s'attaquer aux causes profondes de l'appauvrissement pour se contenter d'en atténuer les conséquences.

La politique de limitation des naissances

Préconisé partout, le contrôle des naissances n'est pratiqué que dans les pays industrialisés – et principalement en Europe, là où justement l'indice de fécondité a faibli à un point tel que le renouvellement des générations n'est plus assuré. Ce qui conduit à une baisse des populations dans le Vieux Continent, exception faite de la France dont la politique familiale et l'ouverture à l'immigration ont stimulé la natalité.

Dans les pays à fort développement démographique et corrélativement à faible niveau de vie, les politiques de limitation des naissances se heurtent aux réticences et aux interdits religieux, les moyens traditionnels de contraception n'étant pratiquement pas utilisés. En Inde – où il naît cinquante bébés à la minute –, les autorités publiques, décidées à endiguer la poussée démographique, ont fortement encouragé la stérilisation des hommes. Ce fut un échec. La Chine s'est révélée plus coercitive en imposant la politique de l'enfant unique, politique mieux respectée dans les villes que dans les campagnes. Le résultat n'est pas aussi probant qu'il y paraît puisque le taux de fécondité atteint encore 1,8 enfant par femme – soit un taux proche du seuil de renouvellement. Dans le Tiers-Monde, mieux vaut compter sur l'interdiction de la polygamie et, plus encore, sur l'élévation du niveau de vie – et l'ouverture à la formation qu'elle permet – pour réduire la natalité, puisqu'on observe dans toutes les sociétés développées une diminution du nombre d'enfants par foyer. En Afrique, on explique que, si les couples ont de nombreux enfants, c'est pour avoir la certitude qu'il leur en restera au moins un pour les prendre en charge durant leur vieillesse. Néanmoins, la crainte d'une surpopulation mondiale, selon certains démographes, ne serait pas fondée. Ils estiment que la population de la planète, se régularisant d'elle-même, plafonnera à 10 milliards d'habitants à partir de 2050. Peu ou prou, elle ne dépasserait pas ce niveau. Certains s'inquiètent d'ailleurs d'une prétendue baisse de la fertilité masculine. Ils l'attribuent, sans preuves, au stress de la vie moderne, à l'usage domestique et agricole de produits chimiques, sans s'interroger sur l'éventualité d'une raison plus fondamentale : celle d'un ordre naturel dont nous ne détenons pas la clé. L'ONU semble croire, sans en indiquer les raisons, au reflux démographique puisqu'elle ne cesse de revoir à la baisse ses estimations pour 2050.

La limitation des naissances peut avoir aussi des effets pervers sur la pyramide des âges : dans le cas d'une réduction autoritaire et brutale du nombre d'enfants par couple, le renouvellement des générations n'est pas suffisamment assuré pour porter la charge de la population âgée, en forte croissance du fait de l'allongement de la durée de la vie. C'est le problème de la Chine, de l'Inde et du Brésil, qui prennent aujourd'hui conscience de la nécessité d'un atterrissage démographique sur une longue période plutôt que de procéder à des stérilisations massives (en Inde, près de la moitié des femmes en âge de procréer auraient été contraintes d'avoir recours à cette méthode de contraception). L'éthique et la liberté de l'individu étant en cause, les interventions des gouvernants ne peuvent être qu'incitatives. Lents seront leurs effets puisqu'ils sont liés à l'effort d'éducation et à l'amélioration du niveau de vie des populations. Il est d'ailleurs significatif de constater que, arrivés à l'âge adulte, les descendants des émigrés disposant d'un revenu satisfaisant s'en tiennent à un nombre d'enfants par famille correspondant à celui de la moyenne du pays d'accueil.

La question de l'immigration

L'immigration se mondialise

Les déséquilibres de peuplement de la planète et les écarts considérables de niveau de vie entre les pays — et à l'intérieur de ceux-ci — qui en découlent sont de puissants facteurs de déplacement de populations dans un monde où la banalisation des transports sur de longues distances et la médiatisation du bonheur de vivre des uns renforcent les moyens et le désir des autres de laisser la misère derrière eux pour gagner coûte que coûte les rivages de l'Eldorado convoité.

L'immigration n'est pas un fait nouveau, c'est son ampleur qui l'est. Auparavant, elle était régionale, se limitant aux pays limitrophes. Ainsi, dans la première moitié du XXe siècle, l'Europe occidentale accueillait des migrants de l'est de son continent, l'Amérique du Nord des Mexicains à sa frontière Sud et des Asiatiques sur sa grande façade Ouest. Désormais, les terres n'ont plus de frontières et leurs limites naturelles deviennent des autoroutes du désespoir. L'immigration se mondialise. Ses points de départ sont de plus en plus éloignés de ses lieux de destination. En 2004, sur les 200 000 personnes entrées légalement en France, les deux tiers étaient en provenance d'Afrique et d'Asie ; l'immigration sur le territoire français est à présent pour un tiers originaire de l'Union européenne, pour un deuxième tiers du Maghreb et pour le dernier tiers du reste du monde (Afrique, Asie).

Ces arrivées, en croissance régulière, transforment insensiblement la société française. Les comportements culturels et religieux des nouveaux venus influencent leur environnement social, d'autant plus durablement que déjà le quart des Français a un ascendant — parent ou grand-parent — immigré.

La nature de l'immigration aussi a changé. La proportion des travailleurs célibataires et des saisonniers décidés à rentrer définitivement chez eux une fois leur contrat rempli s'est amenuisée, le regroupement familial décidé à la fin des années 1970 leur ayant offert d'autres perspectives, notamment la naturalisation dont les demandes sont acceptées à hauteur du nombre d'étrangers qui, chaque année, entrent en France en situation régulière. Bien entendu, ces statistiques ne comptabilisent pas les clandestins dont le flux est estimé entre 200 000 et 400 000 par an, 10 % seulement étant reconduits dans leur pays d'origine[1]. À plusieurs reprises, d'importantes régularisations ont été décidées à défaut d'autre alternative, ce qui constitue évidemment un appel d'air pour les candidats à l'aventure, coûteuse et dangereuse, de l'entrée clandestine. L'Espagne en a fait l'expérience. Pour avoir absorbé en dix ans 5 millions d'immigrés, elle n'est plus en mesure d'en accepter d'autres à ce rythme, faute de travail à leur fournir. Pour son gouvernement, les régularisations massives de sans-papiers ne sont plus de saison.

Maîtriser les flux migratoires est désormais la préoccupation majeure de tous les gouvernements européens. En France, une politique plus restrictive se met en place une fois évacuée la thèse fantaisiste qui avait cours voici dix ans, selon laquelle l'arrivée massive d'étrangers en âge de travailler aurait l'avantage de relancer l'activité par la consommation et de répartir sur de nouveaux cotisants le fardeau des retraites du papy-boom. Mais encore faudrait-il harmoniser les politiques nationales au sein de l'Europe, à défaut d'arrêter ensemble une stratégie commune, tant pour fixer un cadre à l'immigration légale que pour prendre les mesures nécessaires à un contrôle plus strict de l'arrivée illicite des étrangers sur le sol communautaire. Les vingt-sept États membres de l'UE n'y sont cependant guère décidés car ils ne sont pas tous concernés de la même façon. Les pays scandinaves sont peu exposés. Ceux de l'Est européen n'ont pas tous le même

---

1. En 2007, sur 92 000 décisions de reconduite à la frontière, 24 000 ont été exécutées.

intérêt à verrouiller leurs frontières : les pays plus proches des foyers d'émigration savent pertinemment que les clandestins ne sont qu'en transit chez eux avant de poursuivre leur périple vers l'Ouest. La Grande-Bretagne fait aussi cavalier seul sur ce sujet. L'Europe latine s'avère impuissante à limiter le flux des réfugiés. La France elle-même ne réussit pas avec 5 000 douaniers et gendarmes à contrôler ses 8 000 km de frontières maritimes et terrestres et ses 600 aérodromes. Aujourd'hui, elle estime que resserrer les mailles du filet, surtout si elle est la seule à le faire, ne serait guère efficace. C'est pourquoi elle propose aux étrangers candidats à l'émigration la voie légale de l'accueil, à condition de justifier de compétences conformes à celles recherchées par les employeurs de l'Hexagone.

Les effets pervers de l'immigration choisie

La loi sur l'immigration choisie et non subie fixe désormais un cadre à l'examen des demandes. Elle éclairera les décisions à prendre, qu'elles soient d'acceptation ou de refus.

C'est en se fiant à l'expérience du Canada que cette voie a été privilégiée bien que la situation n'y soit pas comparable. Ce pays d'Amérique du Nord est naturellement protégé des arrivées clandestines par sa géographie. Sa densité de population est faible. L'immensité de son territoire (près de quatre fois la France pour une population d'à peine la moitié) appelle une mise en valeur qui autorise une politique d'accueil généreuse. Néanmoins, ce sont les besoins qualitatifs et quantitatifs des employeurs qui déterminent les quotas d'immigrés.

Le grave inconvénient de cette politique est que son profit est à sens unique. Elle avantage le pays d'entrée : il bénéficie d'une main-d'œuvre choisie de préférence jeune et en bonne santé, qualifiée et directement opérationnelle, correspondant à ses besoins réels et immédiats et dont il n'a pas supporté la charge des études professionnelles ou universitaires. Quant au pays de départ, il perd de sa ressource humaine et donc de sa capacité à combattre son sous-développement, s'il est privé de ses élites attirées à l'étranger par un niveau de vie sans comparaison avec ce qu'elles peuvent espérer sur place. Individuellement, c'est une chance pour ces émigrés choisis, mais, collectivement, pour leur pays d'origine, c'est un désastre, surtout si le mouvement prend de l'ampleur, comme on le constate déjà. Beaucoup de médecins étrangers venus poursuivre leurs études en France profitent de la pénurie de personnel de santé dans les hôpitaux publics pour décrocher un poste correctement rémunéré et pour s'implanter définitivement. Dans les services de certains établissements, plus de la moitié des médecins sont originaires d'Afrique francophone.

Le président de la République du Sénégal a été le premier à réagir au vote de la loi française sur l'immigration choisie en exigeant que son pays soit indemnisé pour les formations suivies dans leur patrie d'origine par les ressortissants africains qui décideraient de faire carrière en France.

D'autres controverses ont alimenté le débat sur cette fuite organisée des cerveaux qui compromet les chances de développement du Tiers-Monde. Le texte de loi, dans sa partie la plus contestable, institue en effet la « carte des talents » qui autorisera l'exercice d'une activité professionnelle en France à son détenteur étranger s'il est « *susceptible de participer de façon significative et durable au développement économique et au rayonnement notamment intellectuel, scientifique, culturel, humanitaire et sportif de la France* ». On ne peut être plus clair. Tout y est. Et ce n'est pas l'ajout de la mention « *et participer au rayonnement du pays dont il a la nationalité* » qui change grand-chose car cette clause n'est ni conditionnelle ni suspensive. Qui plus est, la preuve n'en sera pas facile à administrer car son appréciation relève plus d'un sentiment que d'une certitude. On peut en juger par quelques applications avant la lettre. Qui se souvient, en Sierra Leone, d'Eunice Barber, championne de pentathlon repérée par un diplomate de notre ambassade à Freetown, qui l'incita à prendre la nationalité française pour enrichir notre représentation nationale d'athlétisme féminin ? Dans le même sens, notre championne de badminton, Pi Hongyan, émigrée chinoise battue aux J.O. par son ex-compatriote et rivale Zhang Ning, a émigré en France faute de pouvoir obtenir une place dans la sélection chinoise : apportera-t-elle quelque chose à son pays en triomphant un jour sous les couleurs de la France ? Ce sont des exemples parmi les plus marquants. L'émigration d'autres professionnels moins en vue, artisans chez eux ou même prêtres qui viennent compenser la crise des vocations, ne sera d'aucune utilité à leur pays d'origine, bien au contraire.

Les limites de l'accueil des étrangers

En toute conscience, on ne peut pas souscrire à cet écrémage des gens bien formés qui s'adresse à une soixantaine de pays francophones sans que leur soient offertes de réelles contreparties. Les promoteurs de la loi ont certes cherché à tempérer sa rigueur par quelques promesses de co-développement – terminologie de caractère général sans assise bien claire, sans précision sur le où, quoi, comment. Les intéressés ont reçu cette annonce comme un bonbon pour faire passer la pillule, et l'immigration choisie comme un nouveau pillage après celui des matières premières auquel s'adonnent toutes les nations industrialisées.

Ce traitement séparé d'un problème de dimension mondiale ne peut être qu'un palliatif momentané à une politique de plus grande ampleur que doit conduire d'urgence la communauté internationale. Car l'effacement des frontières et la libre circulation des personnes et des idées dans le sillage de celle des marchandises tiraillent les tissus sociaux, économiques et culturels. Près de 200 millions d'individus changent de terre chaque année et plus personne ne laisse ses bagages spirituels à la frontière, rappelle Patrick Banon, spécialiste de l'histoire des religions... ni parfois sa misère, pourrait-on ajouter. C'est pourquoi, immigration choisie ou pas, verrouillage des frontières ou non, le raz de marée des populations misérables de l'hémisphère Sud[1] en marche à destination du Nord ne fait que commencer. Tant que la pauvreté

---

1. Raz de marée décrit par Jean Raspail de façon prémonitoire et volontairement provocatrice dans *Le Camp des saints*, Robert Laffont, 2000.

absolue touchera le quart de l'humanité, tant que 20 millions d'êtres humains mourront de faim chaque année, tant que les 20 % de nations les plus riches s'approprieront 80 % du revenu mondial pour n'en laisser que 1,5 % aux 20 % les plus pauvres, tant que l'espérance de vie s'échelonnera du simple au double entre les continents, l'exode restera pour des millions de miséreux la seule chance de survie.

Cependant, tiers-mondialiser la France et l'Europe ne réglerait pas les problèmes du Tiers-Monde. Accueillir dans l'Hexagone plusieurs dizaines de millions d'Africains et d'Asiatiques n'y suffirait pas et ne sortirait pas le continent noir du sous-développement. Il s'agit plutôt d'aider les populations pauvres à vivre dignement chez elles pour qu'elles ne viennent pas clandestinement s'installer et parfois se faire exploiter chez nous.

Le désendettement en question

La réduction de l'énorme dette du Tiers-Monde[1] (2 600 milliards de dollars en 2004, soit le double de celle de la France pour un PIB à peu de chose près équivalent) appartient à la panoplie des demi-mesures qui ne règlent rien sur le fond. Plusieurs plans d'élimination de la dette des pays pauvres ont été établis en jouant de tous les registres possibles : suppression des taux d'intérêt, rééchelonnement ou annulation partielle, transformation du capital restant dû en actifs dans les PVD – l'imagination des banquiers n'a pas de limites quand il s'agit de récupérer les créances. Mais rien n'y fait : inexorablement, la dette se reconstitue sous l'effet de la dégradation des termes de l'échange produits tropicaux exportés/biens industriels importés. Seuls les pays qui ont du pétrole et des minerais peuvent espérer améliorer leur balance commerciale et commencer à se désendetter. Quant aux banques privées qui détiennent les deux tiers des

---

1. La progression de la dette des PVD est impressionnante : elle est passée de 8 milliards de dollars en 1960 à 540 milliards en 1980 pour atteindre 2 600 milliards en 2004, et son niveau n'a cessé de s'accroître depuis.

créances, se trouvant dans l'incapacité de les récupérer, elles ne s'engagent désormais qu'avec prudence, voire plus du tout. La forte demande de capitaux dans le monde les incite à préférer les clients dont la solvabilité est reconnue. En conséquence, la part des crédits bancaires aux PVD décroît d'autant plus rapidement que l'Europe orientale et la Russie, libérées du joug communiste, courtisent investisseurs et banquiers. La crise financière commencée fin 2008 a en outre exacerbé la méfiance des prêteurs, qui se recentrent désormais sur les activités à moindre risque et en priorité dans les pays développés. À l'évidence, elle va aussi freiner le rythme des désendettements à répétition du Tiers-Monde par la communauté internationale *via* les budgets des pays riches, eux-mêmes préoccupés par la croissance de leurs propres déficits publics. C'est pourquoi, de même que sur toute plaie ouverte il faut placer un garrot pour stopper l'hémorragie avant de faire une transfusion, de même un raisonnement de bon sens voudrait que, simultanément à tout nouvel effort financier en faveur des PVD, on s'attaque résolument aux origines de leur dette pour en tarir le renouvellement permanent.

Le tout-libéral en cause

Si l'explosion des prix agricoles de 2007 a privé de nouvelles tranches de population du strict nécessaire dans le Tiers-Monde, les agriculteurs des pays développés ont au contraire retrouvé à la fois une rémunération normale par le marché et une plus grande liberté de produire. Provisoirement. Il est d'ailleurs étonnant qu'en dépit de la multitude des études diffusées sur le problème alimentaire depuis cinquante ans, aucune n'ait envisagé ce scénario certes conjoncturel mais qui peut se reproduire. Et pour cause : tout auteur de rapport estime devoir publier ses recommandations en conformité avec les règles du commerce international et n'ose s'en écarter pour proposer les voies nouvelles qu'exigent l'évolution prévisible de la situation alimentaire et le caractère insoutenable de la malnutrition. Le libéralisme est à la fois l'obligation et la solution dont il faut imprégner ses écrits pour être reconnu ; aucun agroéconomiste n'eut le courage – ou la lucidité – d'être iconoclaste.

Le fondamentalisme du marché

Ainsi conditionnés par les experts, les hommes politiques empruntèrent une même direction : le tout-libéral, l'effondrement des régimes étatiques apportant la preuve incontestée que la liberté d'entreprendre est un gage de prospérité, exemple américain à l'appui. Aucune nation déficitaire ou presque ne s'inquiéta de savoir si sa sécurité alimentaire pouvait s'accommoder d'une concurrence à tout-va et s'il n'était pas risqué de confier à la seule loi de l'offre et de la demande le soin d'assurer le bien-être de sa population.

La mondialisation et, plus précisément, la globalisation de l'économie devint un dogme unanimement partagé. À tort, cependant, on confond les deux concepts. La mondialisation est certes inéluctable : au XXIe siècle, le monde est un grand village. En revanche, la globalisation est un choix, un modèle de développement voulu universel, fondé sur l'abolition de toute régulation pour lui préférer le laisser-faire. Elle conduit à l'aggravation des inégalités, à la domination des faibles par les forts. Érigée en mythe, elle est l'alpha et l'oméga de la pensée unique, la source de cette prétendue certitude que seul le marché, par ses allers et retours entre le producteur et le consommateur, est facteur de progrès matériel et, par là même, de bien-être social et que seule elle permettra à tout citoyen de la planète de s'approvisionner à meilleur compte sur des marchés ouverts.

À cette fin, l'OMC[1] a été mobilisée pour mettre en place cet âge d'or commercial en recherchant l'élimination de tous les obstacles à la

---

1. Organisation mondiale du commerce qui a succédé au Gatt (*General Agreement on Trade and Tariff* : accord général sur le commerce et les droits de douanes). Son objectif est de libéraliser le commerce des biens et des services et de s'opposer à toutes les formes de distorsion de concurrence dans le monde (dumpings, protections douanières sous toutes les formes). Les décisions sont prises à l'unanimité.

libre circulation des marchandises, des capitaux et des services dans le monde. Pour cela, au cours des cycles de négociations planétaires qu'elle organise, 150 pays participants – à l'exception notable mais provisoire de la Russie – sont invités à supprimer les droits de douane, les contingents d'importation, les barrières sanitaires et administratives aux échanges dont chacun fait usage pour se protéger de la concurrence des autres. Dans le même esprit, elle milite pour l'interdiction des subventions directes ou indirectes qui dopent les exportations au grand préjudice de la confrontation directe de l'offre et de la demande sur les marchés. Sont également visés tous les *dumpings* – sociaux, environnementaux et monétaires – qui faussent la concurrence. Ce qui est le cas quand la Chine condamne ses millions de détenus aux travaux forcés, quand l'Inde tolère l'exploitation de ses enfants, dans le seul but de diminuer les prix de revient de leurs marchandises vendues à l'étranger. C'est aussi le cas quand de nombreux États négligent délibérément le préjudice causé par leurs entreprises à l'environnement (pollution, déforestation) pour produire à moindre coût. Quand certains pays comme la Chine ou les États-Unis manipulent leur monnaie pour élargir leurs parts de marché au détriment de leurs rivaux, ce dont profite actuellement Boeing pour supplanter Airbus par exemple.

Chacun pour soi et l'OMC pour tous

Pourtant, certains pays n'hésitent pas à s'exonérer de toute obligation d'ouverture de leurs marchés. Telle la Suisse, très protectionniste ; ou bien la Norvège, qui maintient des droits de douane dissuasifs sur les importations agricoles et subventionne largement ses paysans ; ou encore le Japon, qui impose à ses frontières des taxes d'entrée exorbitantes, notamment pour le riz. Son gouvernement n'hésite pas à dire que l'ouverture des marchés telle qu'envisagée par l'OMC *« signifierait l'arrêt de la production nationale et pourrait amener le peuple japonais à mourir de faim d'ici vingt ou trente ans »*. Et d'ajouter que la sécurité alimentaire est un sujet plus sérieux que le principe du libre-échange. Rappelons que le Japon importe 60 % des aliments qu'il consomme.

À dire vrai, la démonstration n'est plus à faire : entre le discours et la pratique des uns et des autres, l'écart est révélateur de l'hypocrisie générale qui prévaut. Elle perdure, chacun s'efforçant de tirer profit des négociations commerciales pour obtenir des concessions de ses concurrents sans offrir en échange de réelles contreparties.

Le double jeu des pays riches

À ce jeu, dans l'intention de conserver leur « pouvoir vert » en complément de celui des armes, les États-Unis affichent une parfaite mauvaise foi. Pour eux, leurs lois nationales priment sur le droit international. Ils estiment leur *farm bill*[1] parfait puisque leurs agriculteurs en sont satisfaits car il leur garantit des prix rémunérateurs dont le bon niveau est fixé par l'Administration américaine. Si ces derniers ne sont pas atteints au moment de la vente des denrées, un *deficiency payment* (une subvention) compense les insuffisances de recettes des *farmers* pour toutes les quantités offertes. Lorsque le cours du marché américain et mondial (l'un se confond avec l'autre) est supérieur à l'objectif de prix fixé par l'État, le producteur en conserve l'avantage. Ce signal de forte demande internationale ouvre alors une opportunité d'entrer en production aux exploitants agricoles moins performants (ou installés sur des terres moins riches) qui ne pouvaient se satisfaire du prix officiel sécurisé. Leur réponse à cette demande en hausse permet aux États-Unis d'accroître leurs exportations et de diminuer les dépenses budgétaires agricoles – le *deficiency payment* n'étant plus justifié quand les prix du marché sont élevés. Le mécanisme est bien rodé :

* un filet de sécurité (le prix minimum) protège les agriculteurs ;

---

1. Loi agricole américaine régulièrement reconduite et ajustée. Fondée sur le principe de primes compensatrices, elle assure aux *farmers* américains des prix rémunérateurs et une sécurité de revenu.

* l'accès au marché mondial est direct ;
* seuls les opérateurs privés conduisent les transactions sans intervention de l'État, sauf pour appuyer politiquement leurs démarches auprès des gouvernements des acheteurs étrangers ;
* la production s'adapte à la demande ;
* le budget agricole américain s'ajuste en fonction des besoins : il diminue, comme ce fut le cas en 2007-2008 quand les cours des denrées agricoles de base – les céréales et le soja – enlèvent toute justification au soutien financier de leurs producteurs ; les Américains en profitent alors pour se prévaloir de façon abusive de la baisse des subventions servies à leurs *farmers* pour réclamer une réduction des aides que leurs concurrents accordent à leurs producteurs.

L'Europe, divisée en son sein sur l'intérêt d'une agriculture exportatrice que la France est la seule à ambitionner, a abandonné en 1992 sa politique agricole d'origine fondée sur une protection intelligente de son marché et un soutien de ses ventes à l'étranger, pour lui substituer un système d'aides directes à ses paysans sans lien avec la production. En contrepartie et pour justifier ces subventions aux yeux de l'opinion, elles sont assorties d'une délivrance de droits à produire limités en quantité ou en surface. Mais en 2008, surprise par la relance de la demande et la flambée des cours des denrées, la Commission européenne a changé de cap. Elle a libéré en toute hâte la production agricole en supprimant les jachères et en révisant les quotas.

La réaction des pays émergents

La stratégie des pays émergents de l'Amérique du Sud est tout autre : ils entendent profiter de leurs bas salaires et de leur énorme potentiel de terres cultivables pour s'imposer sur les marchés mondiaux du sucre, du soja et de la viande. Les PVD, quant à eux, se déclarent victimes des subventions versées par les États-Unis et l'Europe à leurs agriculteurs qu'ils accusent de tirer artificiellement les prix mondiaux vers le bas – cela entraînant, d'après eux, le découragement de leurs propres producteurs. Pourtant, tel n'est plus le cas quand la flambée des cours change la donne… et en conséquence leur discours, qui porte alors sur le drame du doublement de la facture de leurs importations alimentaires.

La fâcheuse indécision du Tiers-Monde

Ce patchwork de politiques agricoles à objectifs concurrents ne simplifie pas la recherche d'un tronc commun ménageant l'égalité des chances des agriculteurs de la planète et assurant à la fois l'approvisionnement du marché et un revenu minimum pour les producteurs, comparable dans chaque pays à celui des autres catégories socioprofessionnelles.

De la présentation qui précède, on comprend que le Tiers-Monde, par son manque d'unité et par ses hésitations à choisir entre le libéralisme à l'américaine et la régulation à l'européenne (si souple soit-elle), par son inclination à céder aux influences et pressions extérieures, se trouve démuni d'arguments et de moyens face à des géants économiques dont il finit par être la proie convoitée.

« Entre le riche et le pauvre, c'est la liberté qui opprime et la règle qui affranchit »

Mais si le Tiers-Monde n'a pas de réponse macroéconomique qu'il pourrait opposer aux autres, Bill Clinton en a une pour lui : « *Le commerce peut vaincre la pauvreté et le désespoir* », déclarait-il, présentant le libre-échange généralisé comme la panacée du développement. Faux. Le *free trade* n'est pas le *fair trade*, car il entretient l'illusion de l'égalité des compétiteurs.

Sans même à nouveau faire état de la différence entre les agricultures occidentales protégées des avatars du marché et celles du Tiers-Monde directement exposées à ses aléas, les handicaps des PVD et plus particulièrement des PMA[1] sont patents. Ils n'ont ni les technologies ni les savoir-faire pour s'adapter aux modes de consommation en vogue et pour répondre aux exigences qualitatives et sanitaires de la clientèle des pays riches, ni les outils de promotion et les forces de vente capables de séduire les acheteurs et de conquérir les marchés. Or, en agriculture comme en industrie, se cantonner dans la vente des matières premières ou de première transformation, c'est renoncer aux emplois et aux plus-values générés par l'aval des filières qui en découlent.

Malgré ses prétentions, l'actuel cycle de Doha[2] fait illusion quant à sa capacité à traiter du sous-développement. Il n'a d'ailleurs pas vocation à le faire, sa seule mission étant de favoriser les échanges et son objectif avoué de transformer la planète en un vaste *discount* où s'affronteraient sans limites les acteurs économiques de tous les continents.

En conséquence, les textes fondateurs de l'OMC se sont fixé pour objectif de supprimer tous les obstacles à la concurrence, qu'ils soient tarifaires (droits de douane) ou non (règles sanitaires, administratives). La recherche du profit maximal requis par les investisseurs – les fonds de pension qui exigent un rendement du capital de 15 à 25 % – oblige à des réductions de coût de production au détriment des salariés, de leur rémunération, de leur protection sociale, de leurs droits à la santé, à l'éducation – fruits de siècles de combat pour les

---

1. Ce sont les 48 pays les plus pauvres de la planète. Ils n'étaient que 25 en 1971. Ils se répartissent aujourd'hui essentiellement entre l'Afrique (30 PMA) et l'Asie (10). Les PMA (pays les moins avancés) sont classés suivant quatre indices de développement humain : le revenu, la nutrition, la santé et la scolarisation.

2. Les négociations internationales de l'OMC, dès leur origine (1947), se sont échelonnées dans le temps en cycles (ou *rounds*) de durée variable. Le cycle de Doha, dont la première réunion s'est tenue dans la capitale du Qatar, a commencé en 2001. Chaque cycle vise des objectifs précis de démantèlement des protections commerciales. Depuis 1947, huit cycles de négociations multilatérales se sont succédé.

uns ou espérance de conquête pour ceux qui n'en bénéficient pas encore.

Égalité n'est pas justice

En dérogation au principe du traitement uniforme pour toutes les nations partenaires de l'OMC, des règles internationales en cours et de cet autre principe selon lequel les avantages commerciaux concédés aux uns sont *de facto* applicables à tous, les ACP bénéficiaient du libre accès aux marchés européens de leurs productions agricoles. Cette concession, on le sait, date d'une quarantaine d'années. Son avantage s'accroît arithmétiquement à chaque élargissement de l'Union européenne. Celle-ci est le seul continent où les produits tropicaux disposent d'une franchise douanière sans limite de volume et sans ces tracasseries administratives dans les ports ou les aéroports d'accès qui annihilent l'avantage acquis en décourageant les exportateurs – pratique particulièrement bien maîtrisée par les Américains.

Or, un conglomérat hétéroclite de nations industrialisées et émergentes[1] rejette l'extension à tous les pays du traitement spécial et différencié réservé par l'UE aux États les plus pauvres de la planète. Fidèle à sa doctrine libre-échangiste, ce cartel s'en tient au démantèlement multilatéral des tarifs douaniers et exige l'abandon de tout régime commercial préférentiel. Ce qui reviendrait à inonder les marchés africains de produits agricoles subventionnés et de marchandises chinoises à prix cassés. Géant économique aux pieds d'argile, l'Europe compose et cherche le compromis plutôt que d'organiser la résistance. C'est une raison supplémentaire pour l'Afrique de se détacher de notre continent et de se jeter dans les bras de l'oncle Sam, intéressé au plus haut point par ses ressources pétrolières et minières. Or, le préalable à tout relèvement de l'économie subsaharienne passe par un excédent de sa balance commerciale avec

---

1. Se reporter à la carte ci-après.

Pays émergents et pays développés

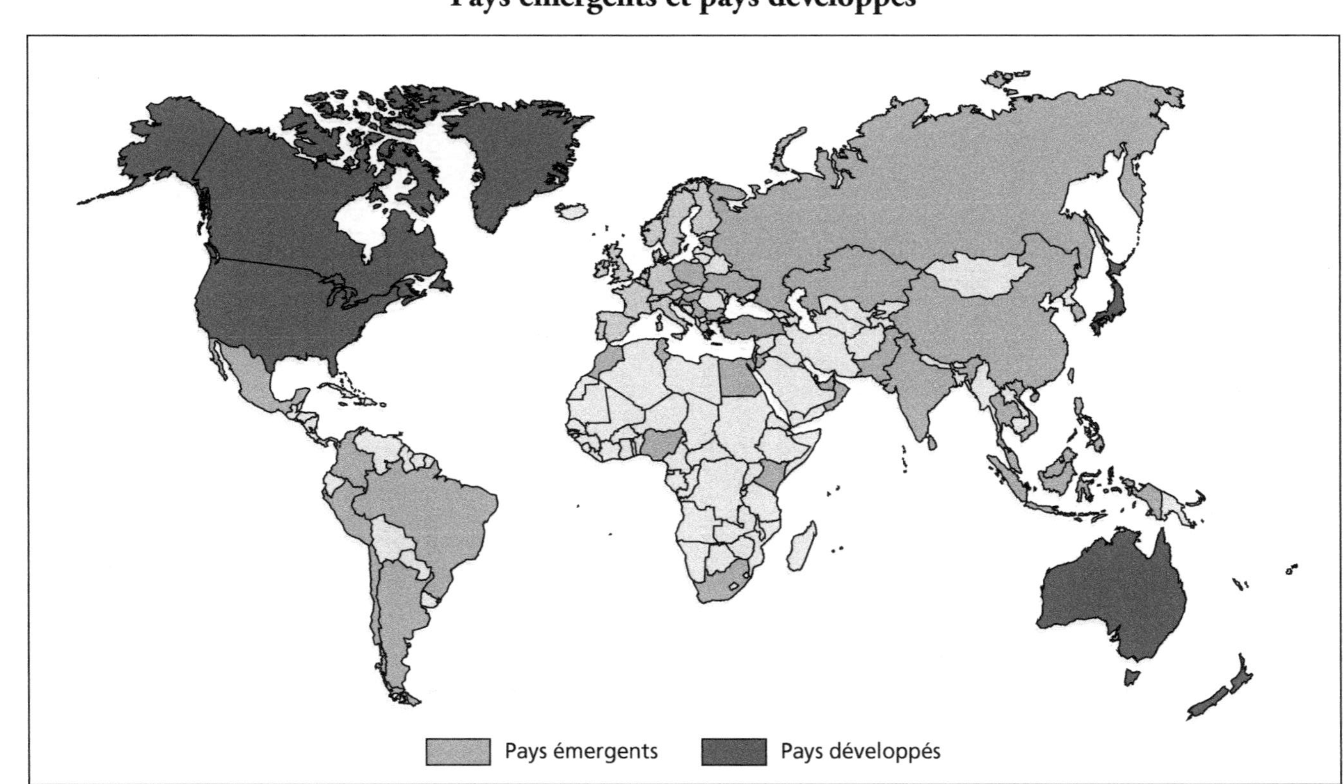

Les pays émergents sont des pays dont le PIB par habitant est inférieur à celui des pays développés, mais qui connaissent une croissance rapide et dont le niveau de vie et les structures économiques convergent vers ceux des pays développés.

les pays riches. Ce qui suppose l'asymétrie de l'ouverture des marchés en faveur des nations pauvres.

Le Tiers-Monde paie l'addition

La fin des droits acquis du Sud

Telle n'est pas la conviction de l'OMC décidée à remettre en cause les avantages commerciaux de 70 pays d'Afrique, des Caraïbes et du Pacifique (ACP) consentis par l'Europe lors des années 1960, dans la bonne intention de ne pas rompre brutalement les courants d'échanges et les soutiens dont bénéficiaient ses anciennes colonies, une fois leur indépendance acquise. Dans ce but, les accords de Lomé[1] avaient été négociés pour maintenir leur libre accès au marché européen, sans droit de douane ni contingent. Cette exception, qui se contentait de prolonger l'existant colonial, dut cependant recevoir l'aval du Gatt (l'ancêtre de l'OMC) car il dérogeait aux règles établies – notamment à celle qui étend à tous les concessions faites à quelques-uns. Des dispositions plus spécifiques avaient été retenues, telle une garantie de recette pour les exportations agricoles et minières. Celles-ci bénéficiaient de subventions compensatoires[2] quand des accidents climatiques affectaient les volumes de production ou quand les cours mondiaux chutaient trop lourdement… D'autres concessions acceptées du bout des lèvres par les États-Unis ont été remises en cause. Il s'agit des protocoles sucre et banane. Pour le sucre, il fut décidé que les ACP pourraient exporter en Europe l'équivalent de 10 % de la production

---

1. Les accords de Lomé avaient été signés dans la capitale du Togo en 1974 entre les ACP et la CEE et régulièrement reconduits pour donner des avantages commerciaux aux ACP sur le marché européen. Ils sont désormais remplacés par les accords de Cotonou, moins favorables aux ACP.

2. Le Stabex : il s'agissait d'une caisse de stabilisation qui compensait les pertes de recettes à l'exportation dues à la baisse des volumes commercialisés ou à l'insuffisance des prix des produits vendus par les ACP sur le marché européen.

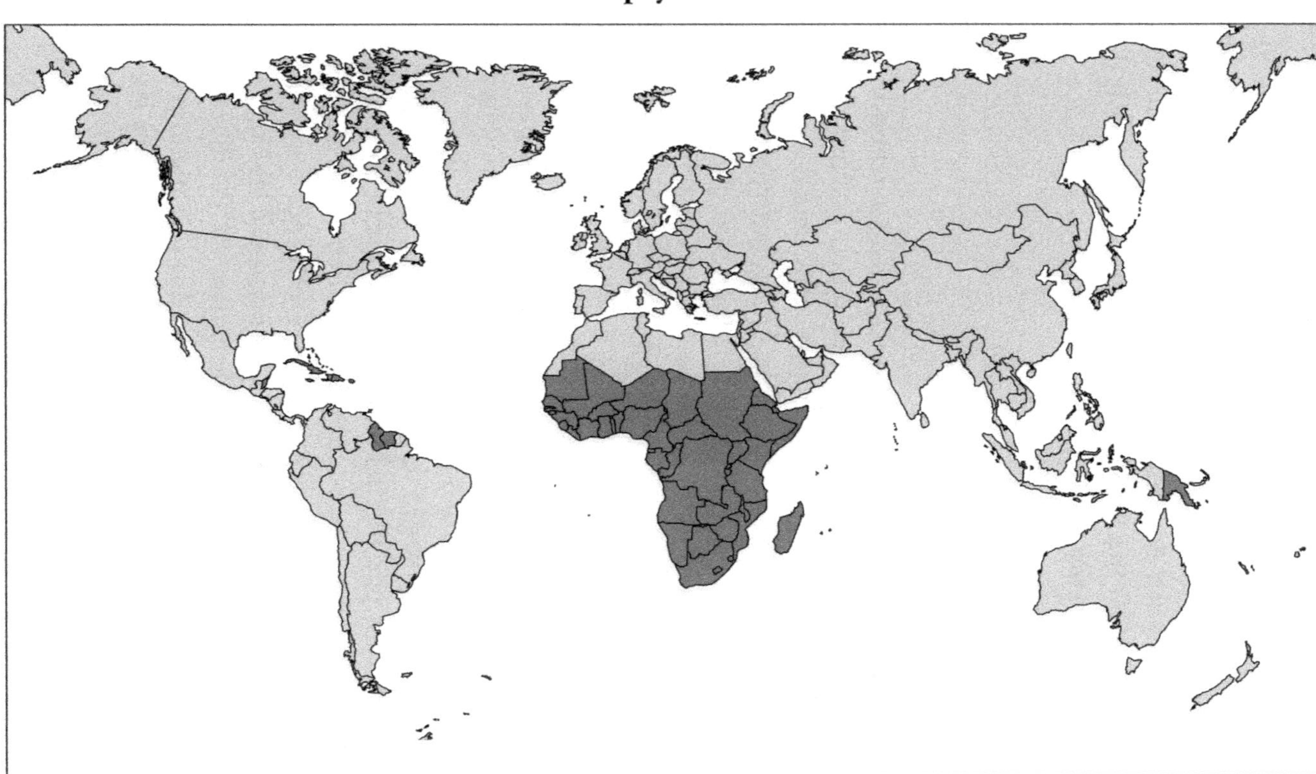

Les ACP rassemblent 79 pays, tous signataires des accords de Lomé et de Cotonou. Tous les pays d'Afrique en sont membres excepté les pays de Maghreb et l'Égypte.

communautaire à un prix identique à celui payé aux betteraviers européens, quitte pour Bruxelles à revendre à perte sur le marché international les excédents ainsi artificiellement créés. Ce filet de sécurité de ressources a particulièrement profité à l'île Maurice, à qui fut attribuée la moitié du contingent « sucre » des ACP, soit 600 000 tonnes. Elle en a fait intelligemment un tremplin pour saisir d'autres opportunités : le textile, l'informatique…

La guerre de la banane

Un autre accord allait déclencher une querelle à rebondissements avec les États-Unis au cours de sa mise en œuvre : celui de la banane, que les ACP pouvaient vendre à prix préférentiel en Europe, à hauteur d'un quota réparti entre eux. Cette part réservataire sur le marché communautaire très porteur gênait une puissante société américaine, la United Fruit Company devenue Chiquita Brands International, dont les intérêts en Amérique centrale sont considérables. C'est une compagnie bananière dans tous les sens du terme dont l'histoire a commencé au Costa Rica en 1870. Elle a survécu à toutes les péripéties politiques et à tous les chaos de ce pays et de ses voisins – dictatures, coups d'État, grèves sanglantes, révoltes et révolutions –, grâce au soutien affiché de Washington et à l'action occulte de la CIA, chargée de contrôler les élites politiques quand elle ne les mettait pas elle-même en place. Toucher aux intérêts de cette *major* qui cultive des dizaines de milliers d'hectares de bananiers et d'ananas, c'était porter atteinte à l'influence nord-américaine dans cette région en effervescence. C'est pourquoi les États-Unis ont conduit l'offensive contre le protocole banane ACP-UE, cherchant à diminuer la portée de l'accord, au prix de plusieurs plaintes à l'OMC qui se sont toutes soldées par une obligation de réduire les contingents ACP livrés en Europe. La banane-dollar d'Amérique latine – appellation sans équivoque ! – a bien évidemment pris la place de la banane des pays ACP parce qu'elle est la moins chère.

La famille Gonzalès sait pourquoi elle est moins chère. Paysans sans terre, ces Costaricains sont, de père en fils, employés dans les plantations de Chiquita à récolter les régimes de bananes. Ceux-ci sont ensuite lavés par des femmes, avant d'être conditionnés pour être embarqués vers l'Europe. Encore vertes, les bananes y seront stockées dans des mûrisseries avant d'être livrées sur les marchés. Cette famille vit dans des conditions misérables sous des abris de tôle. Les salaires sont dérisoires : 1 à 2 euros par jour, dont il faut encore déduire la location de la cabane. Le travail est harassant et le harcèlement des contremaîtres permanent. Ces *peons* n'ont pas d'autre choix. Là-bas, on est « Chiquita de la naissance à la mort ».

À quelques lieues de là, des parents, les Cortès, travaillent dans des champs d'ananas. C'est pire encore. Des équipes repiquent les plans sans relâche, à longueur de journée avec un seul jour de repos hebdomadaire pour aller aux offices du dimanche. Le dos des hommes est cassé par le labeur et leur santé mise à mal par les épandages de produits de traitement effectués sans précaution ni protection. Un autre groupe d'une dizaine d'ouvriers se consacre à la récolte derrière un tracteur conduit par un chef d'équipe ; chacun dans sa rangée arrache les fruits en veillant à protéger leurs couronnes et les dépose sur un tapis roulant perpendiculaire aux lignes de la plantation. Ils sont ensuite regroupés pour un conditionnement sur place. La cadence est vive, les longues feuilles épineuses écorchent les jambes mal protégées. La faible longévité humaine est l'inévitable conséquence de ce mépris de la santé des travailleurs en Amérique centrale.

Au rayon des fruits et légumes du supermarché, la ménagère française s'étonne que les fruits tropicaux qui viennent de si loin soient moins chers que les pommes, les pêches ou les abricots produits en Europe. La raison est simple : l'exploitation des pauvres permet aux riches de s'approvisionner à bon compte.

Un partenariat en trompe-l'œil

Après trente années d'existence, les accords de Lomé qui consacraient une coopération unique en son genre entre l'Europe et les ACP ont été abolis et remplacés par ceux de Cotonou[1], sous la pression des États-Unis et des pays émergents, tel le Brésil, qui n'hésite pas à trahir la cause des PVD chaque fois qu'il y trouve intérêt. Désormais, les relations commerciales entre l'UE et les ACP ne seront plus fondées sur le principe des concessions à sens unique étendues à tous les PMA. Elles s'établiront sur la base de la réciprocité en vertu d'accords de partenariat économique (APE) négociés.

Sous le faux prétexte que les préférences commerciales accordées depuis plus de quarante ans à l'Afrique subsaharienne auraient échoué à assurer son développement, la Commission européenne a donc décidé de changer de cap en mettant fin à ses relations privilégiées avec le continent noir. Elle veut en imposer d'autres, compatibles avec la mondialisation, estimant irréversible l'ouverture totale des marchés. Le couteau sous la gorge. En cas de refus, a prévenu non sans cynisme le commissaire européen chargé du Développement, la seule alternative possible sera le retour à « la chasse et la cueillette ».

L'Europe change les règles du jeu

C'est sous cette « aimable » contrainte que le groupe des ACP, éclaté en six grandes régions selon le diktat de Bruxelles, est invité à renégocier les conditions de son commerce avec l'Europe. Celles dont il bénéficiait étaient sans équivalent dans le monde. En particulier, l'accès au marché européen sans contingentement ni droits de

---

1. Les accords de Cotonou, qui sont appelés à se substituer à ceux de Lomé pour être OMC-compatibles, sont signés depuis 2000 mais encore en négociation avec plusieurs partenaires ACP. Ils sont destructeurs des relations privilégiées entre l'Europe et l'Afrique.

70

douane alors que, dans l'autre sens, les marchandises importées d'Europe sont taxables dans les ports africains.

Ce traitement asymétrique des échanges n'était pas au goût des États-Unis, hostiles par principe à cette discrimination positive ; mais aussi par intérêt, car ils se voyaient peu ou prou évincés du commerce avec l'Afrique. Et comme ils refusaient de s'aligner sur le régime appliqué par l'Union européenne, ils n'ont eu de cesse, au prix d'un harcèlement permanent à l'OMC, de faire admettre à Bruxelles qu'il fallait remettre en cause les préférences accordées aux ACP pour revenir au système classique de réciprocité des concessions.

Les accords de partenariat économiques que les ACP rechignent à signer ont donc cet objet. Concrètement, ils proposent que, en contrepartie de l'avantage du droit zéro sur leurs exportations agricoles vers l'Europe, les ACP renoncent à taxer leurs importations de céréales, de lait, de produits industriels et déréglementent leurs services : transports, banque, assurances, télécommunications. Ce qui revient à traiter de manière égale des acteurs inégaux. Les conséquences en sont prévisibles : l'agriculture africaine ne résistera pas à la concurrence extérieure et l'exode rural jettera de nouveaux déracinés dans les bidonvilles des mégapoles.

Confrontée sans protection aux PME européennes, la petite industrie africaine sera balayée, évincée de son propre marché si elle n'est pas protégée par un droit de douane qui compense son infériorité technologique, compétitive et commerciale. Les grands services (télécommunications, transports, banques, assurances) seront monopolisés par les sociétés étrangères si leur capital est ouvert sans verrou majoritaire autochtone. D'autres contraintes sont formulées : les Africains devront accepter le retour et la réadmission de leurs ressortissants illégalement présents sur le territoire de l'Union européenne, sans formalité ; ils devront souscrire à un fatras d'obligations démocratiques et sociales, élevées au rang de préalables, dont on ne voit vraiment pas comment elles pourraient être satisfaites sur le terrain.

Après avoir accepté, dans un premier temps, d'engager la négociation sous la promesse d'une aide au commerce de quelques milliards d'euros, les dirigeants africains se sont rebellés et font de la résistance. Ils ont perçu le danger qu'ils courent de limiter le débat aux relations commerciales Nord-Sud. Alors pourquoi ne pas s'en faire des alliés pour une remise à plat complète du système international qui prendrait en compte la diversité des situations des nations ? Hélas, le désamour africain pour l'Europe, conséquence de l'intransigeance doctrinaire des eurocrates, a provoqué un renversement des alliances à l'OMC. Il se traduit par un appui paradoxal des États africains aux thèses libérales américaines, pourtant en totale contradiction avec leurs intérêts. J'en fus très surpris lors de l'ouverture de l'Uruguay Round à Punta del Este en 1986. Je l'attribuai alors à la suffisance que les diplomates européens manifestaient aux Africains. Mais le mal était plus profond. Il perdure. À tel point que ceux-ci portent au débit de l'Union européenne la remise en cause de leurs avantages commerciaux alors qu'elle a pour origine l'intransigeance américaine.

Les demi-mesures

Zones de libre-échange ou de dépendance ?

Dans leur impatience à atteindre le libre-échange généralisé, les États libéraux qui siègent dans les instances nationales et internationales se sont efforcés, avec la bénédiction de l'OMC, de promouvoir le libre commerce dans de vastes zones géographiques. Pour eux, leur mise en place marque une première étape en direction du but recherché, le *free trade* étendu à toute la planète avec sa conséquence obligée : la division internationale du travail. Celle qui, dans le but de réduire les coûts de production, donnerait libre cours aux rapports de force entre donneurs d'ordre et sous-traitants, entre patrons et salariés et qui justifierait l'absence de protection sociale, le travail des forçats et des enfants.

Le renard américain fait son marché dans le poulailler mexicain

Pour en poser un premier jalon sur le continent américain et en réplique à la création d'un marché commun en Europe – dénoncé comme une forteresse commerciale protectionniste –, les États-Unis ont signé un accord de libre circulation des biens, des capitaux et des services avec le Canada et le Mexique. Chacun devait y trouver son compte et on pouvait supposer que le Mexique, porté par la prospérité de ses deux partenaires dans l'Alena (accord de libre-échange nord-américain), pourrait rapidement améliorer son sort. Certes, les échanges ont été dopés mais ce contrat à trois partenaires qui ne boxent pas dans la même catégorie a surtout permis aux États-Unis d'accroître la dépendance du Mexique à leur profit. Car l'agriculture mexicaine se meurt. Elle ne résiste pas à la concurrence des *farmers* des grandes plaines américaines dont les rendements sont cinq fois supérieurs à ceux des lopins de terre des *peons* du pays des Aztèques.

De ce fait, l'exode rural s'accélère et le flux des déracinés, pauvres et désœuvrés, n'en finit pas de remplir les bidonvilles des grandes cités. De son adhésion à l'Alena, le Mexique attendait l'arrivée d'investisseurs étrangers qui profiteraient des faibles salaires et des bas standards de protection sociale pour créer des entreprises et des emplois. Il espérait une multiplication des contrats de sous-traitance offerts à ses petites entreprises, les *maquiladoras,* par des donneurs d'ordre canadiens et américains intéressés par les avantages comparatifs annoncés. Il souhaitait la régularisation des émigrés mexicains qui vivent et travaillent clandestinement aux États-Unis dans la hantise de perdre leur gagne-pain et d'être expulsés.

Au bout de quinze années, la désillusion est grande. Les investisseurs américains ne se sont pas précipités, sauf pour prendre la majorité dans les plus grandes sociétés mexicaines existantes. Leur frilosité s'explique par l'insuffisance de productivité que ne compense pas le faible coût de la main-d'œuvre. Car celle-ci n'entre qu'à 20 % dans le prix de revient des produits manufacturés. Le marché de la sous-traitance, si prometteur, faiblit. Les donneurs d'ordre ont trouvé des manufacturiers plus compétitifs : les Asiatiques et plus précisément les Chinois. Et leurs commandes portent sur des produits à faible valeur ajoutée et à contenu technologique limité. Les États-Unis n'ont pas régularisé la situation des *chicanos,* ces 12 millions d'immigrés qui acceptent les travaux les plus durs pour des salaires nettement inférieurs aux citoyens américains. La crise les touche plus durement que les autochtones. Elle les oblige parfois à rentrer au pays qui est dès lors privé de l'épargne que ces *remesas*[1]

---

1. Travailleurs mexicains qui envoient régulièrement à leurs familles restées au pays l'argent gagné sur le territoire américain. Le transfert est estimé à une quinzaine de milliards d'euros par an.

74

envoyaient régulièrement à leurs familles. La vigilance des États-Unis sur leur frontière avec le Mexique – longue de 3 500 km – s'est renforcée. Un mur est en construction et des systèmes de défense sophistiqués sont mis en place pour stopper l'entrée de 2 000 000 de clandestins par an.

Ce bilan n'est pas en faveur du Mexique. L'Alena n'a pas – ou si peu – réduit le criant écart de niveau de vie entre ses membres. Pourquoi ? Parce que son pari repose sur le seul principe de la libre concurrence. Axé sur le marché, il ne met en œuvre que des acteurs économiques privés, ce qui écarte toute solidarité institutionnelle, apanage des États. Néanmoins, la démonstration est intéressante parce qu'elle préfigure ce que nous promet le tout-libéral à l'échelle planétaire : le renard libre dans le poulailler grand ouvert.

Le contre-exemple européen : le marché commun

Toute différente est l'approche qui a conduit les pères fondateurs de l'Europe à créer un marché commun en prémices d'une union des peuples de notre continent, conjuguée en trois dimensions : économique, monétaire et politique. Cinquante ans après sa fondation, son bilan est tout autre que celui de l'Alena. Le noyau d'origine des six États membres s'est étendu, par étape, au monde anglo-saxon, à la péninsule Ibérique, à la Scandinavie, à l'Est européen… Et malgré leurs importantes différences de niveau de vie au moment de leur adhésion, les nouveaux membres ont réussi en une génération à rattraper leur retard sur le peloton de tête. Ce fut le cas de la Grande-Bretagne et de l'Irlande, premiers accueillis en 1972 ; puis de l'Espagne et du Portugal et, une dizaine d'années après, de l'Allemagne de l'Est. Cet échelonnement des adhésions eut l'avantage d'étaler le coût que supportèrent les membres fondateurs et les nouveaux venus les plus prospères – tels le Danemark, la Suède, la Finlande et l'Autriche. Et le challenge s'est renouvelé avec la vague des dix récents adhérents de l'Est et de la Méditerranée, avant que ne s'annoncent les nations des Balkans de l'Ouest (les États membres de l'ex-Yougoslavie) qui ont vocation à rejoindre l'UE… à moins que cette nouvelle charge ne soit jugée trop lourde à porter en si peu de temps.

Car l'Union européenne s'est engagée à organiser le développement solidaire de ses États membres en usant, si nécessaire, d'un transfert de ressources entre les plus industrialisés et les moins développés de son aire géographique, *via* le budget communautaire. Ce faisant, elle rétablit les conditions d'une concurrence équitable entre tous là où les associations de libre-échange veillent seulement à la transparence du marché. En effet, ces dernières agissent sans se préoccuper du poids respectif et de la richesse des États en compétition au sein même de leurs zones commerciales et pour ne prendre en considération que le credo libéral bien connu : « Que le meilleur gagne ! ».

Cette différence de conception se traduit en contenu. L'Union européenne est conduite par des institutions démocratiques (Parlement, Conseil des chefs d'État, Conseil des ministres, Commission exécutive). Au-delà de sa politique économique commune, elle en développe d'autres : sociale, régionale, commerciale, budgétaire. L'euro, monnaie unique, a remplacé les grandes devises nationales : le franc, le deutsche mark. En conséquence, les opérateurs commerciaux ne peuvent plus jouer des taux de change comme ils le font ailleurs. La libre circulation des personnes est effective ainsi que le droit d'installation qui l'accompagne. Rien de tout cela dans l'Alena. Chacun reste chez soi et les spéculateurs jouent sans vergogne le dollar contre le peso ou l'inverse. Aussi est-on en droit de s'interroger : à quoi sert l'alliance nord-américaine sinon à forger l'amorce d'une riposte de Washington aux puissances économiques montantes du Sud-Est asiatique et pas du tout à promouvoir le Mexique, son voisin appauvri ?

Lors d'un échange à Mexico entre une délégation parlementaire française et des députés mexicains, j'ai compris que nos collègues n'étaient pas dupes et ne souhaitaient pas se laisser enfermer dans une alliance qui avait trompé leur attente. Mais comment s'en extraire et pour quelle alternative ? La question n'a pas encore trouvé de réponse.

L'aide par le commerce

Trade for aid

« *Trade for aid* », c'est le leitmotiv des Anglo-Saxons qui répugnent à alimenter le tonneau des Danaïdes des aides financières aux pays en voie de développement. Celles-ci n'ont d'ailleurs jamais atteint le 0,7 % de PIB que chacune des nations industrialisées promet régulièrement de fournir pour participer à la lutte contre la pauvreté. Elles ne l'atteindront probablement jamais. Sans les exclure totalement, il est donc plus réaliste de compter sur l'enrichissement que procurent les échanges commerciaux pour redonner vigueur aux économies africaines défaillantes. À condition que leurs marchés soient organisés, surtout quand les matières premières commercialisées sont périssables, ce qui est le cas des denrées agricoles. Dans les pays riches, ils le sont grâce à la combinaison des interventions professionnelles et publiques :

- professionnelles par l'organisation de relations contractuelles entre producteurs, industriels de l'agroalimentaire et grande distribution dans le but de réguler les apports et de fixer les prix de vente ;
- publiques par les arbitrages rendus, par le soutien des marchés et du revenu paysan.

Sans ces systèmes d'intervention et ces pratiques, l'activité agricole péricliterait, ce qui mettrait en péril la sécurité alimentaire de tout pays qui négligerait d'aménager ponctuellement la loi de l'offre et de la demande par des mesures de régulation.

Toutes les nations industrielles, chacune selon ses propres modalités réglementaires et financières, soutiennent et protègent leur agriculture pour des raisons économiques et stratégiques :

- dans l'indifférence aux critiques et aux protestations de leurs concurrents, tels les États-Unis ;
- en niant l'évidence de leurs interventions publiques, comme le font le Canada, l'Australie et la Nouvelle-Zélande ;

ou bien avec embarras, telle l'Union européenne qui peine à trouver une voie médiane entre son discours en faveur du Tiers-Monde et la défense des intérêts de ses vingt-sept États membres. Ce qui provoque la déception des PVD du continent africain, très mécontents du lâchage dont ils se disent victimes, à défaut de se servir des mêmes mesures protectionnistes pour emprunter un même chemin.

Le commerce équitable : quel impact ?

La force du grand commerce se nourrit de la faiblesse relative des agents économiques d'amont (producteurs, transformateurs) comme de la dispersion et de l'inorganisation des consommateurs. La démonstration n'est plus à faire : la grande distribution ne cesse de se concentrer, de multiplier ses magasins et succursales, de créer d'énormes centrales d'achat pour accroître son poids économique, fragilisant tous les acteurs de la chaîne alimentaire. Le pouvoir politique, parfois complice pour alléger le panier de la ménagère, peine à trouver des règles capables de rétablir un rapport de forces équitable entre les différents acteurs du marché sans que les consommateurs n'en fassent les frais. Éloignés de leur clientèle par la force des choses, les producteurs de fruits et légumes ont ponctuellement remis à l'honneur les pratiques anciennes de la vente directe sur les marchés locaux, à la ferme, au bord des routes. Tout du moins ceux qui jouissent d'une rente de situation : proximité des villes, passage de touristes, fidélisation à des produits annoncés naturels.

C'est sur cette même observation d'un écart estimé non justifié – quand il n'est pas dénoncé spéculatif – entre le prix de départ des produits tropicaux et celui de leur arrivée dans l'assiette du consommateur européen qu'un prêtre-ouvrier néerlandais fonda, il y a vingt ans, la marque Max Havelaar. Ce label donnait l'assurance aux acheteurs que les produits ainsi identifiés autorisaient, par des prix un peu supérieurs à ceux couramment pratiqués, l'avantage d'une rémunération normale aux producteurs de l'hémisphère Sud.

L'expérience débuta au Mexique dans une coopérative dont les membres devaient profiter de prix de vente plus élevés que ceux du marché traditionnel en contrepartie d'un effort sur la qualité. Par une campagne publicitaire habile, bien relayée par les médias et même par le Parlement européen dont les coins-café n'offraient plus que du Max Havelaar, bientôt suivi par des entreprises, des administrations et d'autres encore, le café équitable connut une faveur certaine sans inquiéter pour autant les cinq multinationales (dont Nestlé) qui contrôlent 50 % du marché. Tous les consommateurs furent alors informés des marges que chacun des acteurs de la filière dégageait sur le produit et de la faible part que représentait le café dans le coût d'une tasse servie au bar des bistrots parisiens (un centime d'euro).

Qui trop embrasse…

Encouragés par ces premiers succès, les promoteurs du commerce équitable ont ensuite étendu la gamme avec le chocolat et le coton… pour atteindre un chiffre d'affaires dans le monde d'environ 1,6 milliard d'euros, ce qui représente à peine 0,1 % des produits échangés. Car les ventes s'essoufflent : à chaque flambée des cours des matières premières, la filière équitable devient moins attractive pour ses producteurs astreints à des exigences de qualité et le commerce traditionnel regagne du terrain. Car lorsque le marché est porteur, tout se vend. Et les paysans, même ceux engagés par contrat coopératif, trouvent plus facile de livrer au secteur privé du « tout venant » plutôt que de faire un effort de tri de la marchandise et de respecter certaines normes culturales. En outre, les initiateurs du système ont commis une erreur stratégique en visant plusieurs objectifs à la fois : commerce équitable, éthique des comportements, écologie. En témoigne un autre label apparu depuis peu, le commerce « éthiquable » : ce concept intègre, outre le juste partage de la rémunération par le marché, le respect des Droits de l'homme et la pratique de l'agriculture bio. Cela fait beaucoup d'exigences difficiles à satisfaire dans les pays en cause et, de ce fait, le nombre d'adeptes est en baisse. D'autres critiques, plus insidieuses, se font jour : le système se fonctionnariserait et le coût des intermédiaires serait aussi élevé qu'auparavant ; la productivité exigée des planteurs serait excessive.

Certains accusent même Max Havelaar de déstructuration sociale pour avoir éliminé les petits commerçants et transporteurs locaux qui constituaient une trame de relations humaines entre les villageois, rendant gratuitement des petits services aux paysans (achat de médicaments et de fournitures diverses en ville), à l'image de ce que faisaient, en France, les facteurs ruraux avant l'ère du Cidex. Au total, le système n'est autre qu'une niche de commercialisation qui a néanmoins le mérite de mettre publiquement en évidence l'écart hors norme des prix entre producteur et consommateur et de dénoncer à qui cet écart profite. C'est un témoin, ce n'est pas une pratique généralisable de régulation et de moralisation des marchés.

La FAO ne domine pas son sujet

Composante de l'ONU chargée de l'alimentation et de l'agriculture, la FAO est l'outil sur lequel comptait la communauté internationale pour sortir les PVD de leur sous-développement. Soixante ans après sa création, elle présente un bilan particulièrement contesté. « *C'est un gouffre d'argent dépensé en fonctionnement pour peu d'opérations efficaces sur le terrain* », a déclaré récemment le président sénégalais Abdoulaye Wade. Cette critique a été reçue comme un camouflet par son compatriote Jacques Diouf, le directeur général impopulaire de cette institution. On reproche à ce dernier d'avoir accentué la lourdeur administrative d'un organisme qui compte aujourd'hui 3 300 fonctionnaires, dont les deux tiers sont au siège à Rome, l'autre tiers étant en poste dans des antennes sur plusieurs continents, excepté quelques centaines répartis sur le terrain pour animer les projets en cours.

Affranchir l'homme de la faim, telle était l'ambition de la FAO que rappelle son logo : un épi de blé stylisé souligné d'une devise latine

« *fiat panis* », du pain pour tous. On en est loin puisque la faim dans le monde n'a pas reculé : un habitant de la planète sur sept est sous-alimenté, soit autant qu'à l'arrivée de Jacques Diouf à la tête de l'organisation en 1994. Pourtant, vingt ans après sa création, la FAO s'est vue déchargée de la gestion de l'aide alimentaire d'urgence désormais assurée par le Programme alimentaire mondial (PAM) qui nourrit chaque année des dizaines de millions de personnes (90 millions dans 80 États différents en 2006 dont 6 millions au Darfour).

Le recentrage de la FAO sur l'appui au développement en était attendu. Il ne s'est pas confirmé. Les programmes agricoles qu'elle promeut et finance souffrent de trop de contraintes de préparation administrative et d'une insuffisance d'encadrement et de rigueur dans la réalisation. La faute est à partager entre les gouvernants africains qui aiment inaugurer des réalisations spectaculaires dont ils n'assurent pas toujours le suivi, et la FAO dont les experts sont déconnectés du terrain. Ils sont ailleurs, privilégiant le service d'un réseau de collecte d'informations très performant et unique au monde qui produit et gère une énorme base statistique sur l'agriculture, la pêche et la forêt – le *Codex alimentarius*. Disposant d'une grande capacité d'analyse, cette section de la FAO a pour mission de définir les normes alimentaires auxquelles l'OMC se réfère pour trancher les différends commerciaux : fixation des critères de qualité d'un produit agricole, protection des appellations d'origine (champagne, parmesan…), jugement des plaintes déposées contre un État qui interdirait l'accès de son territoire à des produits alimentaires pour raison sanitaire (comme celle intentée par les États-Unis contre l'Europe qui avait refusé la viande aux hormones américaine : bien que déclarée sans fondement scientifique par le comité vétérinaire du Codex, ce *panel* fut jugé légitime et sanctionné par l'OMC d'une pénalité de 120 millions de dollars au profit des États-Unis et dont l'Europe doit s'acquitter chaque année).

Cependant, mobiliser les meilleurs experts du monde – économistes, agronomes, vétérinaires, nutritionnistes – sans que leurs travaux ne soient utilisés à lancer des projets concrets finit par s'avérer frustrant à la fois pour eux, pour les pays en attente d'une aide concrète dans la durée et enfin pour les nations contributrices. À quoi sert-il en effet de centraliser et d'exploiter toutes les données fournies par les satellites sur le climat et les prévisions de récolte, à suivre les mercuriales du monde entier pour apprécier les cours des denrées, à estimer les potentiels de chaque continent, si toutes ces informations transformées en prévisions échafaudées dans le temps ne débouchent pas sur des stratégies à long terme pour servir de trame à tous les acteurs de terrain, publics et privés ? Les proposer est du rôle de la FAO qui, pour cela, doit s'exonérer de tous les tabous, s'affranchir de ses mandants, riches et pauvres, et se positionner en interlocuteur direct du G8 sur la façon d'atteindre la sécurité alimentaire.

Les ONG : forces et faiblesses

Le citoyen du monde vit mal l'échec de la FAO dans sa lutte contre le sous-développement, l'impuissance de l'ONU à mettre fin aux grandes perturbations de la planète (guerres civiles, dictatures), l'insuffisante solidarité face aux catastrophes naturelles (tremblements de terre, tsunamis). De tous ces drames, il est informé par la diffusion instantanée, en tout point du globe, de nouvelles que les images télévisées authentifient. La mauvaise conscience qu'il en éprouve est à l'origine du développement des organisations non gouvernementales (ONG) dont l'objet était initialement de recruter des bénévoles disposés à se rendre là où il fallait nourrir, soigner, éduquer. Organismes d'intérêt public indépendants, qui ne relèvent ni d'un État ni d'une institution internationale, les ONG se sont rapidement développées à la fin du siècle dernier avec pour chef de file emblématique Médecins sans frontières, dont les interventions spectaculaires ont été abondamment médiatisées. Elles sont près de 3 000 – 600 en France – reconnues conformes aux dispositions de la charte des Nations unies. La plupart se sont professionnalisées pour

82

répondre à une demande qui requiert compétence et disponibilité. Elles se sont aussi diversifiées et spécialisées : elles peuvent être humanitaires, éducatrices, de développement agricole, de veille environnementale voire de lobbies commerciaux ou politiques. À celles qui ont pignon sur rue et qui sont pour partie financées par les États et les Institutions internationales s'ajoute une multitude d'associations qui n'ont pas de reconnaissance publique mais qui vivent de la générosité spontanée de citoyens choqués par la misère qu'ils ont découverte à l'occasion d'un voyage ou sur leur petit écran.

Rapidité et souplesse d'action

L'indépendance des ONG a ses avantages et ses inconvénients. Côté avantages, une rapidité et une souplesse d'intervention face à des besoins précis qui ne s'encombrent pas de longs processus administratifs, même si naturellement subsiste le passage obligé de l'aval et du soutien des autorités locales, ce qui constitue parfois un obstacle insurmontable. La Corée du Nord, victime de famine endémique, la Chine, éprouvée par de fréquents cataclysmes, la Birmanie, autre dictature, n'ont-elles pas refusé l'aide internationale et pratiquement interdit aux ONG l'accès à leurs territoires de peur qu'elles alimentent la contestation des pouvoirs autoritaires voire tyranniques en place ? Du côté des inconvénients, on déplorera la dispersion des efforts et, par voie de conséquence, un certain gaspillage des moyens disponibles. Le Bangladesh en est une bonne illustration.

Lorsque je suis arrivé, en 1987, en délégation ministérielle dans ce pays surpeuplé (près de 900 habitants au km^2), mentionné comme étant le plus pauvre du monde, un cyclone l'avait à nouveau dévasté en repoussant les eaux du Gange vers l'amont. Les terres étaient inondées sur des centaines de milliers d'hectares, le bétail noyé, les villageois encerclés par les eaux dans leurs demeures. Déjà misérable, la population (dont 40 % vit avec un dollar par jour) subissait stoïquement et comme une fatalité ses épreuves renouvelées. Avant même ce désastre, plus d'une

83

centaine d'ONG étaient installées là-bas, se disputant les territoires les plus déshérités, chacune arc-boutée sur sa vérité, excluant celles des autres tout aussi jalousement défendues. Car la crédibilité de toute ONG se mesurait à l'époque à sa présence au Bangladesh ; cette pléthore justifiait un ministère bengali des ONG qui s'empressait de prélever sa dîme sur elles pour… couvrir ses frais de fonctionnement, sans pour autant réussir à coordonner toutes ces bonnes volontés.

Un foisonnement d'organisations

Pour faire de l'humanitaire, l'élan du cœur ne suffit pas. Il n'a pas suffi lors du terrible tsunami, le plus destructeur depuis l'Antiquité (plus de 300 000 morts), qui a ravagé les côtes de Sumatra, de Thaïlande, du Sri Lanka et du sud de l'Inde au lendemain de Noël 2004. Pour venir en aide aux victimes, le monde entier se mobilisa et les concours recueillis, tant publics que privés, atteignirent 4 milliards de dollars – soit à peu près le niveau de l'estimation des dégâts recensés par l'ONU. Et preuve fut faite à nouveau que les courbes de la générosité suivent les images télévisées des grands drames. Un déferlement d'ONG de toutes nationalités – à raison d'une par kilomètre – s'est alors précipité sur les côtes sinistrées. Les grandes organisations caritatives – la Croix-Rouge, le Secours catholique, Caritas – ont recueilli l'essentiel des fonds car elles paraissaient les mieux armées pour les employer rapidement. Hélas, deux ans plus tard, le bilan était frustrant : un quart seulement des sommes avait été utilisé, à la grande déception des donateurs navrés d'apprendre que des conteneurs de vivres avaient pourri sur les quais des ports, que des convois n'étaient pas arrivés à destination et que la reconstruction se heurtait à des obstacles plus administratifs et politiques que techniques. Dépassées par l'ampleur du désastre et confrontées en outre, à Sumatra ou à Ceylan, à des guérillas séparatistes, les autorités indonésiennes, thaïlandaises, sri-lankaises prétendaient tout contrôler alors qu'elles auraient parfaitement pu conserver la maîtrise générale de l'opération et sous-traiter la reconstruction en divisant les régions sinistrées en lots géographiques, chacun de ceux-ci étant placé sous la responsabilité d'un État donateur qui, lui-même, aurait pu fédérer des ONG sur un projet commun. L'émulation entre les Nations et la fierté de leurs citoyens d'avoir contribué à la résurrection d'une ville ou d'une région auraient été un stimulant et un gage d'efficacité pour le bon emploi de l'extraordinaire élan de générosité venu de tous les continents.

À une échelle beaucoup plus modeste, des associations créées pour cette dramatique circonstance ou existant déjà se sont investies dans des projets locaux à la demande des sinistrés eux-mêmes et selon un plan établi en étroite concertation avec eux. Les médias ont fait état des réussites surprenantes de vacanciers européens présents au moment du tsunami qui, après avoir rassemblé des moyens financiers et des bonnes volontés, sont revenus sur place pour reconstruire à distance raisonnable de la plage maudite tout un quartier de village sinistré. Avec la même motivation, d'autres ont valorisé l'argent confié par de généreux donateurs en rénovant des outils de travail immédiatement exploitables, telle cette restauration d'un petit port de pêche et la reconstitution d'une flottille de bateaux aptes à reprendre la mer pour nourrir une population démunie de tout.

Entre ces deux cas de figure : les micro-interventions dans l'anonymat et les actions d'envergure des organisations internationales très médiatisées – ce qui leur vaut d'être parfois soupçonnées de délit d'ingérence dans leurs affaires par les autorités locales –, le choix n'est pas à faire : en revanche, on les aimerait complémentaires sur un même projet comme dans une même zone d'action.

Le tsunami fut un bon révélateur des multiples facettes de l'action humanitaire conduite dans le monde. Cette diversité a sa force mais aussi ses faiblesses : elle peut être une richesse quand la multiplication des acteurs n'est pas synonyme de dispersion.

Un défaut de cohésion et de visibilité

À celle-ci contribue ce qu'on appelle la coopération décentralisée, c'est-à-dire la participation au financement de projets de développement par des collectivités locales – communes, départements, régions – à la demande de petites associations implantées dans leur aire géographique. Le principe qui permet de démultiplier les actions dans le Tiers-Monde et d'y sensibiliser un plus large public n'est pas en cause. Ce qui l'est parfois tient à la nature, à la faisabilité des projets présentés et à leur chance de réussite quand, sur le terrain, les bénéficiaires n'ont pas été assez impliqués, quand leurs demandes n'ont pas été examinées avec le recul et les précautions nécessaires. Sans rappeler la triste histoire des enfants du Tchad pour laquelle il appartient à la justice de faire le tri entre les bonnes intentions et les abus de confiance, il est avéré que la méconnaissance des réalités physiques et humaines du Sud par les bonnes volontés du Nord a généré beaucoup de désillusions chez les donateurs et de déceptions chez les bénéficiaires de projets pourtant séduisants.

Ces réserves n'ont pas pour objet de décourager les petites initiatives. Elles ont leur mérite et il appartient aux seules autorités du pays bénéficiaire d'en examiner l'intérêt et d'en contrôler l'exécution. En revanche, il semble prudent de prendre pour règle de réserver les financements publics aux opérations qui ont la caution de l'une des ONG reconnues par l'ONU et qui respectent sa charte de l'aide au développement.

De l'intention à l'action : échecs et réussites

La mobilisation des hommes doit s'accompagner de celle des moyens. Le haut degré de technicité atteint par les agricultures développées ne saurait être transposé en l'état, sans risque d'échec, au-delà du périmètre restreint de l'Europe et des pays anglo-saxons d'Amérique et d'Australie – à moins qu'on ne fasse le choix déraisonnable d'agricultures industrielles sans paysans. Dans les années 1950, ce fut en France la tentation des tenants des grandes exploitations, bons techniciens, mécanisés avant les autres, qui cherchaient à s'étendre à tout prix, fut-ce au détriment de leurs voisins. Une loi réglementant les acquisitions et agrandissements d'exploitations y mit bon ordre. Une série d'outils gérés par les agriculteurs sous le contrôle de l'État organisa la répartition des sols disponibles à la location ou à la vente pour éviter l'accaparement par les uns des superficies qui apparaissaient indispensables à d'autres, en attente de terres pour saisir la chance de se moderniser à leur tour.

Dans le Tiers-Monde, une révolution, qu'elle soit pacifique ou non, s'accompagne souvent d'une intention de redistribution des terres cultivables au profit des petits paysans… En réalité, il en est tout autrement. Au Zimbabwe, les colons britanniques ont été chassés et leurs terres sont à l'abandon. En Bolivie, le président Morales a limité la superficie par cultivateur à 5 000 hectares, ce qui est énorme et donne la mesure de l'immensité des *latifundias* existantes en Amérique latine. Cette obligation a été immédiatement contournée par la division familiale des grands domaines en lots inférieurs à cette surface. En Afrique du Sud, la réforme agraire n'a pas provoqué d'expropriations spectaculaires parce que les autorités nouvelles se sont rendues à la raison qu'il ne suffit pas de répartir les terres : il faut aussi financer les équipements et former les attributaires aux techniques nouvelles. Car pour un seul et même marché ne peuvent cohabiter une agriculture (blanche) performante et une agriculture (noire) autarcique et archaïque.

Sous toute latitude, le problème foncier est sans doute le plus épineux de ceux auxquels sont confrontés les agriculteurs, concurrents entre eux pour la possession de la terre. Mais c'est aussi le plus déterminant pour l'avènement d'une économie rurale fondée sur des fermes familiales s'agrandissant au fur et à mesure de leur modernisation, de leur capacité à maîtriser les techniques novatrices à leur profit.

Aux quatre coins du monde

Tunisie : quel modèle agricole ?

Les paysans sont souvent attachés à leur indépendance, et les réformes n'en sont que plus difficilement réalisables. Mais ils veillent cependant à ne pas se laisser marginaliser. La crainte d'être écartés de développement agricole était bien la préoccupation majeure des fellahs tunisiens qui élevaient quelques vaches laitières dans la région de Bizerte, en voyant arriver dans le port des cargaisons de bovins en provenance des meilleures étables françaises, destinés à prendre place dans des fermes de 500 laitières capables d'approvisionner les usines de transformation du groupe Tunis-Lait. L'orgueil de faire aussi bien qu'en Europe motivait ces gros éleveurs, l'administration et les élus. Mais faire aussi bien restait à démontrer… et ne le fut pas, faute de savoir valoriser le haut potentiel de ces animaux dont les exigences alimentaires, vétérinaires et de soins étaient loin d'être satisfaites par défaut de professionnalisme et de motivation des employés chargés de l'entretien et de la surveillance des troupeaux. En visite ministérielle, en 1988, j'avais rencontré l'équipe des brillants collaborateurs de mon collègue tunisien Mohamed Ghedira et je n'avais pu leur faire accepter l'idée d'une modernisation progressive de l'agriculture tunisienne plutôt que de prétendre franchir d'un seul coup l'écart qui la séparait de la nôtre. Ce n'est qu'en passant par le récit de mon parcours personnel d'éleveur à qui il fallut une bonne vingtaine d'années pour passer d'un troupeau de 30 à 50 vaches laitières et pour accroître ma moyenne de production de 3 500 litres à 5 300 litres de lait par vache que je réussis à convaincre le ministre tunisien de ne pas négliger la belle ressource humaine que représentaient les petits éleveurs à qui on devait donner la chance d'atteindre une bonne productivité. Ce conseil était accompagné de la promesse d'un programme de développement financé par la France. Il fut animé par Pierre Coquin, ingénieur hors pair, humaniste et généreux, qui dirigeait le BTPL (Bureau technique de promotion laitière). En 1990, il parvint à réunir 50 volontaires tunisiens propriétaires de 350 vaches qui acceptèrent de procéder rationnellement, et sans brûler les étapes, au perfectionnement de tout ce qui conditionne la production (alimentation, bâtiments, hygiène, génétique…) ; le projet consistant à les intégrer dans une filière de transformation coopérative. Quatre ans plus tard, ils étaient 200 avec 1300 vaches et l'expérience s'est poursuivie : elle s'est même démultipliée, s'enrichissant des échanges organisés entre éleveurs français et tunisiens.

Ces exemples sont révélateurs de la marche à suivre pour développer l'agriculture dans les PVD, en évitant deux écueils :

* l'impatience qui pousse à ne retenir que les grands projets, clés en main. Spectaculaires mais mal maîtrisés, tenus en perfusion par les donateurs ou la puissance publique du lieu, ils font illusion et disparaissent dans l'indifférence générale après un lourd gaspillage d'argent ;

* le refus ou l'oubli d'associer les populations locales ou même simplement de les entendre lors de la préparation d'un projet et pendant son exécution. Il décourage les initiatives modestes et sème le scepticisme sur le bien-fondé des changements, retardant d'autant l'engagement des plus humbles vers la modernité.

Plusieurs autres expériences le confirment.

Au chevet du Liban martyrisé

En 1990, la guerre civile prend fin. Sous couvert d'un calme relatif, la reconstruction est en marche. Pourtant, la situation politique n'est pas clarifiée et la menace d'une extension du conflit israélo-palestinien qui diffuse ses métastases vers le Liban n'est pas éteinte (il rebondira en 2006) ; la présence syrienne, par affidés interposés, pèse encore sur tous les rouages de l'État du Cèdre ; les querelles ethniques et religieuses nées de la confrontation des chrétiens maronites et des musulmans restent sous-jacentes.

Cependant, l'argent afflue dans Beyrouth martyrisé. Les diasporas libanaises présentes sur tous les continents se mobilisent. La communauté internationale aussi, et particulièrement la France qui, depuis l'épopée des croisés qui ont emprunté la trouée de Byblos pour reconquérir Jérusalem, soutient l'indépendance de cette porte de « l'Orient compliqué »[1]. À l'Association Le plan Guillaume[2], notre idée était simple : contribuer au renouveau de l'agriculture de ce magnifique jardin face à la mer dont les cultures très diversifiées s'étagent des rives de la Méditerranée jusqu'à la chaîne du mont Liban et, au-delà, se déploient dans la magnifique plaine de la Bekaa.

La raison économique était évidente : le Liban devait réduire sa dépendance alimentaire. La raison politique ne l'était pas moins :

---

1. Citation de Charles de Gaulle.
2. L'association « Plan Guillaume, pour un nouvel ordre économique mondial » a son siège à Paris au 62, bd de la Tour-Maubourg (7ᵉ).

l'aide de la France était attendue notamment par les chrétiens que la présence du Hezbollah au cœur de leur pays inquiétait car elle rompait l'équilibre de la cohabitation tolérante qui s'était imposée, pour gage d'unité, à ce *melting-pot* de races, de civilisations et de religions. Plus modestement, nous avions fait le choix de relancer l'économie agricole et de rétablir entre les paysans des liens que la guerre avait rompus. Avec des partenaires français : la chambre d'agriculture de l'Oise et trois écoles supérieures d'agriculture privées (Beauvais, Lille et Toulouse-Purpan) des partenaires libanais : notamment des universités (l'USEK et Saint-Joseph) et avec trois objectifs principaux : accueillir en France des étudiants-stagiaires libanais en agroalimentaire, créer des liens interuniversitaires et contribuer au développement de cultures de substitution des plantes illicites dans la région de Baalbeck, au nord de la Bekaa. Vaste entreprise qui nécessitait des moyens financiers plus importants que ce que nous pouvions réunir nous-mêmes.

L'égarement du PNUD

Aussi, sur le conseil du gouvernement français et avec son appui, nous nous sommes intégrés dans un plan plus vaste mis en œuvre par le PNUD (Programme des Nations unies pour le développement[1]). Nous en avons mesuré les lourdeurs, les rigidités, le coût administratif et le conditionnement politique face aux humeurs et exigences du Hezbollah. Concentré sur Baalbeck-Hermel, son plan se déclinait en trois phases sur six ans. S'il a réussi quelques opérations ponctuelles à coût élevé (adduction d'eau, irrigation, formation des femmes, microcrédit), il n'a pas atteint son objectif de développement intégré faute d'une vue d'ensemble sur l'économie rurale et, par défaut, du

---

1. Le Programme des Nations unies pour le développement est une institution de l'ONU à laquelle adhèrent 166 pays ; il dispose d'un budget de 4,5 milliards de dollars et gère un réseau mondial de 700 « volontaires des Nations unies » pour la réalisation de programmes de santé, d'éducation, de soutien à la démocratie et de promotion du droit des femmes.

choix judicieux des productions de remplacement de la drogue et par l'absence volontaire de contact avec les organisations agricoles considérées pro-chrétiennes. Le jugement porté par les paysans sur l'action du PNUD est sans appel lorsqu'ils déclarent : « Pourquoi ne pas nous laisser cultiver le haschich ? Quand nous le cultivions, nous n'avions besoin ni de l'État, ni du projet. »

Le pragmatisme paysan en démonstration

Il en fut tout autrement pour le volet sur lequel s'étaient engagés notre association, les grandes écoles d'agriculture, la Chambre d'agriculture de l'Oise et son indéfectible soutien : le Conseil général de ce département. Sur cinq ans, 210 stagiaires libanais de l'enseignement supérieur de l'agroalimentaire ont été accueillis en France en entreprise. Une coopération pédagogique s'est établie entre centres universitaires libanais et français ; des actions de vulgarisation agricole ont été conduites par des coopérants au profit et sous la responsabilité des organisations agricoles libanaises étroitement associées au projet.

L'action la plus spectaculaire fut confiée à la chambre d'agriculture de l'Oise qui s'était engagée à participer à la reconversion des cultures illicites dans une zone totalement contrôlée par le Hezbollah qui tirait profit du commerce des plantes à drogue. Seize mille hectares de cannabis et cinq mille hectares de pavot alimentaient sur place 120 petits laboratoires de transformation. Sur des terrains secs et pauvres, ces cultures peu exigeantes occupaient 60 % des paysans dont le revenu était de cinq à dix fois supérieur à celui qu'ils tiraient des productions agricoles traditionnelles.

Pour en finir avec cette organisation mafieuse, la destruction des champs interdits, conduite sur deux ans par les autorités libanaises, avait été radicale et brutale : en 1994, il n'en restait quasiment rien. Mais les paysans attendaient une compensation à hauteur du préjudice subi, faute de quoi ils planteraient à nouveau. Le PNUD voulait développer la production laitière très déficitaire au pays du Cèdre. Il y installa quelques fermes laitières de 250 vaches sans penser qu'on ne pouvait pas produire du fourrage sans eau. Or, l'eau est rare et précieuse dans la Bekaa. Le même problème d'affouragement se posait aux petits paysans à qui on avait distribué deux ou trois vaches de race Prim'holstein – la « formule 1 » des vaches laitières – qu'ils finirent par abattre pour les consommer. La démarche de la chambre d'agriculture de l'Oise fut plus rationnelle et pragmatique que celle du PNUD : elle envoya un coopérant agriculteur du Lot-et-Garonne de préférence à un « technicien ». Lucide, entreprenant, après avoir envisagé une production fruitière, il estima que la vigne s'adapterait mieux au sol et au climat. Préalablement à toute plantation, il décida de fonder une coopérative pour recueillir l'adhésion du plus grand nombre à son projet. Onze villages étaient prêts à se lancer dans l'aventure en l'an 2000. Pour en témoigner, chacun d'entre eux planta un hectare. Aujourd'hui, le vignoble compte une centaine d'hectares, en pleine production. L'objectif de 150 hectares plantés sera atteint prochainement. Depuis, la coopérative s'est équipée pour assurer la vinification et la commercialisation des produits de ses adhérents.

Taches vertes dans la montagne aride, les vignes se seraient étendues plus vite si l'argent gaspillé ailleurs leur avait été réservé. Aussi ne faut-il pas s'étonner qu'insidieusement et concurremment, les cultures interdites réapparaissent. La pauvreté en est l'excuse.

La Pologne peine à sortir du système collectiviste

Un autre programme d'intervention nous avait avertis des obstacles que pouvait rencontrer un projet cofinancé avec des institutions européennes ou internationales. C'était en 1989, peu de temps après la chute du mur de Berlin. La Pologne, soulagée de la pression de la RDA sur son flanc ouest et libérée du joug communiste, s'ouvrait à la coopération avec l'Occident, espérant préparer son entrée dans l'Union européenne qui devait intervenir en 2004. Solidarnosc rural,

93

qui avait maintenu des contacts étroits avec la FNSEA[1] pendant
« l'état de guerre », voulait élargir son audience dans la paysannerie
polonaise en aidant ses adhérents démunis de tout (matériel,
intrants, capitaux, protection sociale) à se moderniser. Dans un premier temps, il s'agissait de préparer en urgence les semailles du printemps 1990, puis d'engager une action plus large couvrant les principales productions animales et végétales, leur transformation et les
services (crédit, assurances). Dans cette intention, l'association Le
Plan Guillaume, après avoir établi un projet en concertation avec
Solidarnosc rural, s'adressa à la Commission européenne pour obtenir 30 millions d'écus à prélever sur les 300 millions qu'elle devait
consacrer à la Pologne ; les organisations agricoles françaises s'enga-
geaient à fournir 10 millions d'écus sous la forme de matériel,
semences, engrais, produits phytosanitaires, équipement laitier…
Les livraisons étaient payées par les agriculteurs en zlotys, la monnaie
polonaise, pour alimenter un fonds de contrepartie destiné à constituer le capital d'un crédit agricole, banque verte à créer pour accorder des prêts aux agriculteurs.

Dans un bel élan de générosité, les organisations agricoles françaises,
des constructeurs de matériel, des fabricants d'engrais et de phytosanitaires, des coopératives de transformation adhérèrent au projet.
Rien ne manquait sauf l'aval de Bruxelles que notre méthode atypi-
que dérangeait. Il aurait fallu passer par l'intermédiaire d'un consul-
tant international accrédité auprès de la Commission européenne,
figurant sur une *short list* au sein de laquelle on ne comptait que des
Anglo-Saxons ; le tout sans être sûr d'être retenus, et avec la certitude
de payer cher une prestation de technocrates ignorant tout des réalités de l'agriculture polonaise. Pourtant, nous avions pu surmonter
l'obstacle grâce à un commissaire européen compréhensif que j'avais
beaucoup fréquenté lors des Conseils des ministres de l'agriculture à
Bruxelles. Mais c'était compter sans l'opposition du ministre polo-

---

1. Fédération nationale des syndicats d'exploitants agricoles.

nais du Progrès rural qui voulait échanger son accord, évidemment indispensable, contre le versement des fonds de contrepartie à la caisse de sa campagne électorale en préparation. Une prétention inacceptable au regard de la générosité de nos donateurs et des fonds publics engagés. Les grands consultants, intermédiaires patentés, ont sans doute été plus compréhensifs...

Projet de sélection animale au Mali

S'il convient d'encourager toutes les agricultures quel qu'en soit le lieu d'exercice et quel que soit leur degré de développement, il faut parallèlement réduire l'énorme écart d'efficacité qui sépare les paysans du Nord et ceux du Sud. S'il est généralement contreproductif de transposer, sans précautions ni délais, les modèles des uns chez les autres, il doit en revanche être admis que l'avènement des nouvelles technologies change un peu la donne. Elle offre une chance au Tiers-Monde, s'il sait s'en saisir, de combler une partie de son retard abyssal de productivité. En élevage, la sélection animale a tiré le plus grand profit de l'insémination artificielle pratiquée depuis plus d'un demi-siècle en Europe et en Amérique du Nord. L'amélioration des rendements laitiers a été spectaculaire[1].

Les PVD en ont compris l'intérêt, au moins pour leurs élevages sédentaires car les nomades sont des usagers obligés de la monte naturelle et ne peuvent en profiter qu'indirectement par l'achat de reproducteurs améliorateurs. Au Mali, au Bangladesh, il existe quelques centres d'insémination pour bovins dont les sujets, produits d'un croisement d'animaux importés avec des races locales, ne méri-

---

1. De nouveaux progrès en sélection animale sont en cours, avec une technologie encore plus performante fondée sur l'étude du génome des reproducteurs. Elle permet de ne retenir que les géniteurs dont les « marqueurs » signalent leurs aptitudes laitières, morphologiques et autres, les non-porteurs des gènes recherchés étant éliminés. Quelques centaines de taureaux en France, toutes races confondues, pour 4 millions de vaches reproductrices suffiront alors.

95

taient guère l'honneur d'y figurer. Si j'ai visité leurs taurelleries, je n'ai pas vu les laboratoires, là où est récoltée la semence conditionnée en doses prêtes à l'emploi. Je n'ai pas eu connaissance de la façon dont étaient pratiquées les inséminations, ni de leur taux de réussite. Mais pour juger du progrès génétique escompté, au vu des géniteurs, ce n'était pas nécessaire. Cependant plutôt que d'être critique, il valait mieux proposer une alternative efficace et moins coûteuse. Elle prit la forme d'une invitation à travailler avec les coopératives d'insémination françaises qui accepteraient volontiers de livrer gratuitement les dizaines de milliers de doses détruites annuellement : celles des géniteurs dont les tests ont prouvé qu'ils n'amélioraient pas leur descendance en France ; ce qui ne serait pas le cas pour les élevages des PVD dont le faible niveau de performances serait à coup sûr relevé par l'utilisation de reproducteurs déclassés en Europe. Rien ne sert en effet de viser l'excellence génétique si elle n'est pas conjointement accompagnée de progrès en alimentation et en soins vétérinaires qui la valoriseront.

En dépit de son intérêt, je redoutais que la perche tendue ne soit pas saisie. Mais vingt ans après, la proposition a reçu un début de réalisation sous l'impulsion de l'ONG agricole AFDI (Association française et développement international), créée en 1975 par les quatre grandes organisations agricoles (FNSEA, CNJA[1], APCA[2] et CNMCCA[3]) à la suite d'une sécheresse persistance au Sahel qui atteignit son paroxysme en 1974.

---

1. Centre national des jeunes agriculteurs.
2. Assemblée permanente des chambres d'agriculture.
3. Centre national de la mutualité, de la coopération et du crédit agricoles.

À l'épreuve du terrain

Paysans sans frontières : l'action de l'AFDI

Affectés par ce drame de la sécheresse au Sahel, les paysans français décidèrent de manifester concrètement leur solidarité à leurs collègues africains. Dans tous les départements, des collectes furent organisées. En Meurthe-et-Moselle, je suggérai aux agriculteurs adhérents à la FDSEA de doubler cette année-là leur cotisation syndicale pour venir en aide au Sahel. Aucun refus ne nous fut opposé.

Prenant pleine connaissance de l'ampleur de ce sinistre abondamment commenté par les médias, chacun comprit cependant qu'un appel à la générosité chaque fois qu'un désastre suscitait la compassion ne saurait suffire à compenser le handicap des agricultures sous-développées. Une coopération plus durable s'imposait ; elle devait s'attaquer aux causes humaines de la pénurie alimentaire et chercher à prévenir les accidents climatiques répétitifs. C'était un autre défi pour la génération des jeunes paysans français en place. Ils avaient une quarantaine d'années en 1975 et s'étaient révélés les acteurs décisifs de la modernisation de leurs exploitations en un quart de siècle. En franchissant toutes les étapes de la transformation de leur métier depuis l'ère du cheval et du travail à dominante manuelle d'avant-guerre jusqu'à celle de la motorisation et de la mécanisation d'après-guerre. Cette expérience unique pouvait, *mutatis mutandis*, être mise au service des agricultures pauvres. C'est le raisonnement que firent les dirigeants agricoles en créant l'AFDI.

Trente ans après sa fondation, le réseau qu'elle a constitué compte une vingtaine d'associations régionales et départementales qui couvrent les 9/10ᵉ du territoire français. À chacune de celles-ci est attribué un pays étranger principalement francophone, en Afrique ou en Asie.

Une approche originale

Sa méthode d'intervention est imprégnée de culture paysanne. Elle s'adresse autant à l'émancipation professionnelle qu'à la maîtrise de techniques adaptées aux données et capacités géophysiques des terroirs concernés. La recette bien connue du « voir, juger, agir » reste le fil conducteur de la gestion de tous les projets. Les interventions s'adressent à toutes les filières, aux cultures d'exportation : café, cacao, fruits et légumes, comme aux productions vivrières : céréales, élevage, maraîchage. Elles visent à économiser l'eau pour couvrir les besoins domestiques et l'irrigation le long des fleuves, l'eau étant un bien rare et convoité qui fera de plus en plus l'objet de querelles voire de conflits entre les peuples pour son appropriation et sa répartition. Mais ce qui fait l'originalité et l'efficacité de l'AFDI tient à ses méthodes d'intervention. Certes, comme d'autres, l'association emploie des coopérants : des volontaires du progrès ou, mieux encore, des agriculteurs français qui souhaitent se consacrer à cette tâche durant quelques années avant de s'installer au pays. Ces animateurs proposent des programmes et participent à leur préparation et à leur exécution. La différence de l'AFDI est ailleurs : elle porte sur le souci d'intégrer la production dans une filière pour permettre à l'agriculteur de tirer profit de la transformation, si artisanale soit-elle, et de la commercialisation de sa production.

Mais cette préoccupation d'intégration ne se limite pas à l'économique, elle se veut aussi sociale. Dans cette intention, en référence à l'histoire et à l'expérience de la paysannerie française qui, en un siècle, a su mettre en place tout un réseau d'organisations syndicales, sociales et coopératives, l'AFDI suscite dans les 17 pays où elle intervient la création de groupes de paysans, prêts pour participer à des actions de vulgarisation agricole, de défense syndicale et à des créations coopératives. Cette méthode a pour objectif d'amener les paysans autochtones à se prendre collectivement en charge, ce qui n'exclut pas de les aider, mais sans intention de se substituer à leurs responsabilités et dans l'assurance que le projet retenu répond bien à leur attente et qu'ils y consacreront toute l'énergie nécessaire. Bien comprise par les intéressés, cette approche garantit son succès dans la durée.

Quand le projet devient réalité

Ce fut la démarche adoptée par l'AFDI Basse-Normandie au Mali pour répondre à la demande des éleveurs d'organiser l'insémination artificielle de leurs vaches laitières en profitant de l'expérience génétique française, l'une des plus performantes au monde. Sur la base d'un contrat moral fixant ses obligations à chacune des parties. À charge pour les porteurs africains du projet de convaincre une cinquantaine de petits éleveurs de la région de Bamako, propriétaires de quelques vaches, à s'engager collectivement sur l'objectif à atteindre et à mettre en place les mesures nécessaires : tri des animaux pour ne retenir que les meilleurs, amélioration sanitaire du troupeau, prévision de production de fourrage pour l'approvisionnement régulier du bétail sur toute l'année.

Pour sa part, la coopérative française d'insémination sollicitée par l'AFDI s'engageait à sélectionner les reproducteurs de race normande en fonction des aptitudes prioritairement recherchées pour ce croisement avec les races locales du Mali : la rusticité, la solidité des aplombs et des pattes des animaux qu'exigeaient les rudes conditions de vie qui les attendaient, l'augmentation de la production laitière étant quasi certaine.

Ce n'est qu'au bout de cinq ans et au bénéfice d'une formation des éleveurs adaptée à leur expérience personnelle que les premières vaches furent inséminées. Les résultats sont surprenants. Le taux de réussite des inséminations est équivalent au taux observé en France. Les veaux sont de belle conformation. Leur taux de croissance est élevé. À l'âge adulte, on observe dès la première lactation de ces hybrides un triplement de la production laitière par rapport aux races locales. Encouragés par leur succès, les éleveurs, toujours épaulés et conseillés par l'AFDI, se préoccupent maintenant d'élargir les débouchés de leur production en pleine expansion. Ils ont fondé pour cela une coopérative commerciale qui vient d'installer un magasin de vente en bordure de route, près de Bamako, en attendant d'envisager la transformation du lait de leurs vaches en produits élaborés… à condition que ceux-ci ne soient pas concurrencés par des fabrications à base de poudre de lait subventionnée, importée de Nouvelle-Zélande ou des États-Unis…

L'obstacle des contingences politiques locales aux missions des experts

Car il existe des précédents et la FAO en fut complice. Involontairement certes, mais par ignorance et défaut de méthode, en croyant naïvement que l'investissement industriel agroalimentaire ferait naître la production. Dans cet espoir chimérique, des usines laitières furent offertes clés en main au Sahel par des nations prospères, à charge pour la FAO d'en choisir le lieu d'implantation pour recomposer en lait la poudre bradée sur le marché mondial. Après étude établie *in situ* par un expert, la localisation du site est alors décidée et la construction mise en chantier, le tout sous condition de l'aval du gouvernement du pays bénéficiaire… c'est-à-dire trop souvent indépendamment de l'intérêt économique du projet.

Au cours des années 1980, l'un des directeurs de la société laitière lorraine que je présidais fut sollicité comme expert par la FAO dans quatre pays de l'Afrique subsaharienne pour juger de la faisabilité de l'implantation d'usines de traitement de la production locale et de reconstitution du lait à partir de poudre importée. Technicien de grande qualité, rigoureux, habitué à un dialogue constructif avec les producteurs, son premier contact avec l'Afrique fut particulièrement déroutant tant l'écart était grand entre l'objectif qui lui était assigné et les prétentions des décideurs politiques. Dans l'une de ses expertises en Afrique centrale, son rapport signalait en effet qu'il serait déraisonnable de financer tout nouveau projet tant que l'équipement complet d'une usine laitière offert par un pays scandinave resterait stocké sous son emballage d'origine tout à côté d'un bâtiment neuf destiné à l'accueillir, comme il l'était depuis six ans. Dans un autre document, en un autre lieu, il rapportait son refus d'obtempérer à la mise en demeure d'un chef d'État de conseiller à la FAO l'installation d'une usine laitière aux portes de sa capitale dans une zone où il n'y a ni cheptel ni fourrage, et de préférence à tout autre lieu, fut-il plus propice à l'élevage laitier. Depuis, dans le premier pays cité, l'usine en pièces détachées n'a jamais été montée. Dans le second, la laiterie a tout de même été implantée au bon endroit mais la FAO, après quelques années, en a transféré la propriété à l'État concerné, ce qui n'est pas une garantie de bonne gestion en Afrique, pas plus d'ailleurs qu'en France.

Créer en Afrique des usines de reconstitution du lait de consommation à partir de poudre de lait importée n'est pas en soi condamnable, sauf si la disparition de la production locale en est la fâcheuse conséquence. Ce qui est généralement le cas car les éleveurs africains ne peuvent rivaliser sur le marché avec des laiteries qui bénéficient d'une matière première subventionnée : la poudre en provenance de Nouvelle-Zélande, des États-Unis, d'Europe et même de Chine. Les dirigeants politiques du continent noir en sous-estiment le danger, plus préoccupés qu'ils sont de nourrir leur population à bon compte et dans l'instant plutôt que de soutenir leurs éleveurs sur le long terme. Pourtant, ces deux objectifs apparemment opposés ne sont pas inconciliables. Il suffirait de réserver à des coopératives d'éleveurs le monopole de l'importation de la poudre de lait sous l'obligation d'acheter du lait local dans une proportion convenue avec les quantités importées afin obtenir par le mélange de ces deux matières premières d'origine différente des produits laitiers transformés à des prix néanmoins restés abordables pour les consommateurs.

Ces divergences de vues, ces conflits d'intérêt procèdent d'une mauvaise conception du développement dont le sésame n'est pas l'investissement massif mais la mobilisation de la ressource humaine sur un projet, quelle qu'en soit la dimension, locale ou nationale. Le contraste des appréciations et des méthodes sur les exemples cités en témoigne. L'AFDI vise un développement intégré dont les acteurs seront les bénéficiaires ; la FAO saisit les opportunités de financement pour des opérations ponctuelles au devenir incertain dont la maîtrise lui échappe et pour des résultats souvent contraires au but recherché.

Troisième partie

Un plan de développement pour le Tiers-Monde : le plan Guillaume

Le déferlement migratoire qui menace les pays riches ne peut être écarté que si les candidats à l'exode trouvent des raisons nouvelles de vivre dans leur pays. Aux nations prospères de leur en fournir en intensifiant leur appui au développement. Elles n'en prennent hélas pas le chemin, se contentant d'adoucir les crises périodiques qui secouent les pays les moins avancés (PMA) en injectant des aides sans commune mesure avec le préjudice subi. C'est ainsi que 10 milliards de dollars seulement ont été consacrés en 2008 à la prise en charge en pays pauvre du surcoût alimentaire né de l'explosion des prix des denrées agricoles. Au même moment, pour tenter de conjurer le marasme financier, conséquence de l'imprudence et de la spéculation de ses banques, l'administration américaine annonçait un premier secours de 700 milliards de dollars, l'Union européenne, moins touchée, en promettait une quarantaine et, de part et d'autre, on signalait que ce n'était pas pour solde de tout compte, ce qui a été largement confirmé par la suite puisque la perfusion atteignait 4 000 milliards de dollars un an plus tard – soit 8 % du PIB mondial annuel. S'indigner d'un traitement aussi disproportionné de ces crises, différentes par leur cause et dans leur nature, ne servirait à rien. Et comme il est probable qu'afin de libérer leur conscience, les pays riches continueront à déverser parcimonieusement leur manne-placebo pour calmer les impatiences et entretenir chez les déshérités l'espoir de jours meilleurs, mieux vaut offrir une vraie alternative capable de mobiliser les énergies au Sud et les volontés politiques au Nord plutôt que d'aménager le présent.

La triple fracture
du développement

Pour accéder à la prospérité, le Tiers-Monde n'a pas à chercher d'autre sésame que celui utilisé par l'Occident pour parvenir à son actuel niveau de développement au bout d'un cheminement de plusieurs siècles. Tout au long de ceux-ci, des bâtisseurs, des entrepreneurs, des chercheurs, des agriculteurs ont rivalisé d'intelligence et d'énergie pour construire une société d'abondance à leur profit. Ce foyer de modernité, dans le suivi de ceux qui l'ont précédé depuis l'Antiquité, s'est étendu à tous les continents. Tous se sont empressés d'emprunter la même voie. Pour certains à marche forcée, telles la Chine et l'Inde en dépit des tensions internes que crée la coexistence d'îlots de prospérité provocante et de vastes zones rurales restées moyenâgeuses. L'impatience des nations émergentes les pousse à brûler les étapes en pratiquant un copier-coller qui ne vaut pas l'original, exemple des malfaçons asiatiques à l'appui. L'urgence explique cela. Mais c'est au prix d'énormes sacrifices pour les populations, chargées en une génération de rattraper un siècle de retard. C'est au prix de l'abandon des 170 millions d'intouchables en Inde, de la détresse des provinces occidentales de la Chine. Au prix d'écarts de niveau de vie insupportables et de la remise en cause des traditions et des cultures ancestrales. Il faudra pourtant bien s'en accommoder car toute intervention de solidarité doit évidemment recueillir l'assentiment du bénéficiaire et s'ajuster au cas particulier tout en s'inscrivant dans le cadre général de la philosophie libérale qui prévaut.

La fracture Nord-Sud est triple : elle est à la fois alimentaire, sanitaire et éducative. La réduire suppose d'agir en priorité sur les trois leviers du développement :

* l'agriculture, qui constitue 80 % des ressources des pays les moins avancés (PMA) – ceux-là même, qui paradoxalement, ne parviennent pas à assurer à leurs populations un minimum de sécurité alimentaire ;
* la santé, particulièrement déficiente en Afrique faute d'équipements, de médicaments, de personnels et de soins ;
* l'éducation, qui a fait l'impasse sur la moitié des habitants en Asie comme en Afrique.

Cet ordre de priorité procède d'une logique et s'attache à une évidence : tout être bien nourri a plus de chance de rester en bonne santé et, sous ces deux conditions, saisira plus facilement l'opportunité de s'éduquer.

L'éducation : pas de liberté
sans connaissance

La connaissance, c'est la formation et l'information, l'apprentissage des savoir-faire, l'ouverture à la communication. Elle autorise la participation active et responsable à la vie en société. Elle contribue à l'épanouissement de l'homme par la valorisation de ses aptitudes.

Selon les estimations de l'Unesco, dans les pays les plus peuplés de la planète, les trois quarts des habitants sont analphabètes alors que le taux d'illettrisme n'est que de 4 % dans les pays industrialisés. Cela représente 800 millions d'êtres humains (dont 64 % de femmes) soit à peu près autant que d'affamés. C'est pourquoi la formation de base (le fameux « lire, écrire et compter ») doit être privilégiée et étendue au plus grand nombre chaque fois que possible. Les intéressés en sont bien conscients.

Dans un livre paru récemment sur l'histoire de l'Afrique du Sud depuis l'arrivée des Boers, Dominique Lapierre rapporte le dialogue entre des femmes noires et une femme blanche hostile à l'apartheid qui proposait son aide aux habitants d'une *township* : à l'interrogation de leur interlocutrice sur leur premier besoin à satisfaire, elles auraient répondu unanimement : « *Une école pour nos enfants !* »

Diverses institutions se sont employées à répondre à cette attente de formation du Tiers-Monde, malgré la réticence sournoise de gouvernants méfiants, peu enclins à ouvrir leurs territoires à des coopérants, préférant entretenir l'ignorance au sein de leurs populations pour mieux les asservir. En dépit de ces réticences, l'Organisation internationale de la francophonie (OIT) soutient des programmes à la mesure de ses moyens : bien insuffisants.

Des ONG sont aussi sur le terrain. Parmi celles-ci, il faut faire mention particulière de l'association des Enfants du Mékong, née de l'initiative personnelle de René Péchard, ancien légionnaire resté en Indochine après la victoire du Viêt-Cong. Pour donner de l'ampleur à sa générosité personnelle, il eut l'idée d'inviter ses amis à prendre en charge la scolarité d'enfants pauvres du Laos selon une formule originale de parrainage individuel destiné à créer, au-delà de l'aide matérielle, un lien direct entre le donateur et le bénéficiaire. L'association établit la relation et assure le suivi de la bonne utilisation des fonds et de la qualité de la formation reçue, qu'elle soit primaire, secondaire ou même universitaire. Le parrain s'engage à verser chaque mois une vingtaine d'euros dont les trois quarts sont envoyés en Asie pour payer la scolarité et indemniser les familles de la perte des gains qu'elles tiraient du travail de leurs enfants pour survivre. Ne recevant que des dons privés, l'association consacre 88 % de ses ressources à ses activités de terrain et seulement 6 % à son fonctionnement et 6 % à ses frais d'appel à la générosité publique. Tout cela ne serait pas possible sans le bénévolat d'un millier de personnes, moitié en France, moitié en Asie ; sans le dévouement chaque année d'une quarantaine d'étudiants en fin de parcours universitaire qui acceptent de consacrer une année de leur vie au service des pauvres d'Asie pour partir à la recherche des enfants à scolariser dans les campagnes perdues et les bidonvilles, pour animer les centres d'accueil sur place, pour diriger des foyers d'étudiants, pour coordonner les constructions d'écoles ; sans le concours et les conseils de missionnaires et de religieuses catholiques, de moines bouddhistes que les régimes totalitaires n'ont pu chasser ni décourager. Soixante mille jeunes khmers, laotiens, vietnamiens, philippins, thaïlandais et même birmans et chinois sont actuellement scolarisés grâce à cette association ; quelques-uns le sont en France pour ensuite retourner dans leur pays, une fois leur formation terminée, et devenir des acteurs efficaces de la vie économique et sociale.

Enfants du Mékong ne pratique pas le *charity business*. Sa démarche n'est ni commerciale ni humanitaire : elle est humaine. Yves Meaudre, son directeur généreux et pragmatique, aime à rappeler qu'« *il faut donner à un enfant un avenir chez lui* » et que le service rendu en l'éduquant en est un aussi pour son pays. En témoignage, il rapporte l'histoire à Manille de cette métisse de 13 ans, livrée à la prostitution qui, non sans avoir plusieurs fois rechuté, a réussi après de brillantes études à être diplômée en *business management* et à trouver sur place un emploi gratifiant. L'histoire de ce garçon cambodgien souffreteux de 12 ans, recueilli sur le conseil d'une bonzesse qui l'estimait supérieurement intelligent. Illettré, il parvint à rattraper son retard. Malade d'une tumeur du poumon, il dut se faire opérer en France où il poursuivit ses études et obtint son diplôme d'ingénieur des Eaux et Forêts. Rentré au Cambodge, il reçut le prix annuel décerné aux « dix jeunes parmi les plus remarquables de la planète » pour son invention de filtration de l'eau, alimentée par panneaux solaires, parfaitement bien adaptée aux besoins de son pays.

La santé : un dramatique déficit de moyens

La mise en parallèle d'une seule statistique permet de mesurer l'abîme de la fracture sanitaire entre le Nord et le Sud : celle de l'espérance de vie. Elle est du simple au double entre l'Europe et l'Afrique subsaharienne : 80 ans contre 40. Les raisons en sont parfaitement connues : malnutrition, insuffisance de soins et de médicaments, présence de maladies tropicales pour lesquelles on ne dispose pas de produits de traitements efficaces parce que les laboratoires ne sont pas assurés de rentabiliser leurs recherches et leur production, la majorité de la clientèle des pays pauvres étant insolvable.

Les génocides, les catastrophes naturelles, les *boat-people* en mer de Chine, les vagues de réfugiés fuyant la guerre ont suscité la création d'ONG universellement connues dont les interventions très médiatisées ont soulevé l'admiration du monde entier. Médecins sans frontières et Médecins du monde sont de celles-là. Elles sont nées toutes deux d'une seule association qui a éclaté suite à un différend entre ceux qui voulaient se cantonner au médical et d'autres décidés à élargir leur champ d'action à la lutte pour le respect des Droits de l'homme, dessein plus politique. Parallèlement à ces associations d'aide médicale d'urgence, d'autres initiatives, parfois individuelles, visent la durée avec pour mobile la transmission du savoir-faire, en s'appuyant sur les compétences locales pour les valoriser et les développer. C'est ce que fait le professeur Bernard Debré en dirigeant une équipe d'urologues à Shanghai qui se perfectionne à son contact ; ou le docteur Jean Abitbol, spécialiste de la voix, initiant des confrères indiens à la technique qu'il a mise au point pour traiter au laser les cordes vocales. L'un et l'autre interviennent gratuitement pour former des praticiens locaux.

Cette belle générosité des uns n'exclut pas les dérives d'autres acteurs moins scrupuleux ou trop imprudents. Si les pionniers étaient désintéressés, parfois leurs successeurs le sont moins. Aussi est-on en droit de se poser des questions quand les dépenses d'administration, de communication et de collecte des dons dépassent celles des interventions de terrain. Ou quand des réserves financières en attente d'utilisation sont placées en Bourse.

L'interdiction faite aux associations de bénévoles d'organiser le ramassage des médicaments non utilisés pour les envoyer dans les PVD après un tri sélectif fait partie de ces oukases réglementaires que les autorités prétendent justifier par l'existence d'un doute de bon usage et par un souci de sécurité des bénéficiaires : tous reproches dont s'étaient pourtant prémunis à l'avance les donateurs – des pharmaciens ou des médecins dirigeant des équipes de tri – :

* en n'envoyant que des lots constitués de multiples d'unités de traitement de telle ou telle affection et pour ne répondre qu'à des besoins exprimés ;
* en établissant des relations directes avec les hôpitaux bénéficiaires (et pour plus de sécurité avec les congrégations religieuses qui les emploient).

Désormais, les 15 000 tonnes de médicaments non utilisés par an, soit 20 % du gisement français, seront incinérées en empruntant le même circuit de ramassage pharmacien, ce qui n'élimine pas le risque de détournement et de revente par certains professionnels peu scrupuleux (raison abusivement invoquée pour justifier leur destruction) ! Aucune distinction n'est faite entre les associations agréées respectant le cahier des charges de l'OMS et celles qui envoient des produits sans trop s'assurer de leur suivi. La décision est tombée brutalement. Le recyclage humanitaire d'un millier de tonnes de médicaments par an est désormais interdit. Le pouvoir restera sourd aux protestations des bénéficiaires africains ou asiatiques et aux regrets de ces retraités bénévoles qui les triaient avec la satisfaction d'être encore utiles.

Les constats alarmants de l'OMS

Ce règlement par l'absurde d'un problème de contrôle du tri sélectif et de destination des produits contribue à mésestimer la hauteur du défi posé à l'humanité par la fracture sanitaire Nord-Sud. L'Organisation mondiale de la santé (OMS), l'une des institutions spécialisées de l'ONU qui a fêté son soixantième anniversaire en 2008, nous en donne l'ampleur et la localisation par ses inquiétantes statistiques. Il manque, relève-t-elle, 4 millions d'agents de santé dans le monde dont la moitié en Afrique et en Inde. Elle cite le cas parmi d'autres d'un district du Ghana qui ne compte à l'hôpital qu'un seul médecin pour 190 000 habitants. L'OMS alerte, stimule, coordonne la recherche et la lutte contre les épidémies sans pouvoir s'attaquer aux défaillances des systèmes de santé propres à chacun de ses 193 États membres et malgré la mondialisation des maladies ; car certaines affections jusqu'ici inconnues au Nord s'étendent à la Terre entière, engendrant une solidarité obligée pour les combattre. Leur plus terrible manifestation fut la grippe espagnole des années 1918-1919 qui fit 20 millions de morts en six mois. Depuis, des maladies émergentes, à propension pandémique telles la grippe aviaire sous sa forme virale H5N1 et sa voisine de souche la redoutable H1N1, ou bien propagées par des insectes des tropiques que le réchauffement climatique pousse vers le Nord (le chikungunya), ont menacé les pays riches qui se sont empressés d'intervenir dans les pays d'origine du mal pour s'en prémunir plus sûrement eux-mêmes.

C'est par un même réflexe de protection de ses populations que l'hémisphère Nord s'est intéressé au sida dès lors que cette terrible maladie, apparue initialement en Afrique de l'Ouest, prenait un caractère pandémique ; non sans avoir déjà causé des centaines de milliers de victimes en Afrique avant que les chercheurs et les laboratoires des pays riches ne se mobilisent pour trouver et produire les premiers remèdes anti-viraux. Mais il était déjà bien tard pour arrêter la progression du mal au Sud. De 1981 à 2006, 25 millions de contaminés sont morts, un toutes les douze secondes, essentiellement sur le continent noir. Rien que pour l'année 2002, 2,4 millions de personnes sont mortes du sida en Afrique subsaharienne. Sur les 36 millions de séropositifs recensés dans le monde, 85 % vivent au Sud mais 90 % du budget mondial de la lutte contre la maladie est attribué au Nord ; et quand le coût des remèdes les plus efficaces se monte à 1 000 euros par mois pour un malade, même si l'Onusida, une agence spécialisée des Nations unies, le subventionne pour le limiter à 40 euros dans les pays pauvres, le prix du traitement est encore trop onéreux pour les déshérités du Sud.

À tous égards, s'il était possible de décider du lieu de sa naissance, le choix à faire ne serait pas très compliqué.

L'alimentation : la pénurie n'est pas une fatalité

Chacun peut se convaincre facilement que l'éducation et la santé conditionnent le devenir du Tiers-Monde, comme chacun peut comprendre que le quotidien de ses habitants est dépendant de leur accès à la nourriture. Ainsi appréhendés, les problèmes ont leurs solutions à des niveaux différents. Elles sont de responsabilité nationale pour l'éducation et la santé qui sont des services non concurrentiels. Les aides extérieures qu'elles reçoivent des ONG ont certes toute leur valeur, mais seules, elles ne sont pas à la hauteur du besoin éducatif et médical auquel un plan national financé par la communauté internationale pourrait répondre. Mais, au moins, elles leur ouvrent la voie.

En agriculture, c'est différent. Tout pays est confronté à un marché soumis à la concurrence. De moins en moins cloisonné, il se mondialise. Aucune nation ne peut désormais prétendre à l'autarcie ni ne peut s'exonérer des règles commerciales, celles du tout-libéral qui, interdisant les particularismes et les exceptions, s'étend progressivement à la Terre entière. Pourtant, son échec est patent. Il est donc urgent d'en changer au profit d'une agriculture soumise à une politique macro-économique qui réponde à deux impératifs :

- assurer la sécurité alimentaire à tous ;
- garantir aux producteurs une rémunération convenable, c'est-à-dire comparable à celle des autres catégories sociales du pays considéré.

Dans cette logique, il convient de savoir, d'une part, comment développer la production, y compris au Nord, jusqu'à éliminer la malnutrition dans le monde et, d'autre part, quel type d'organisation économique et commerciale retenir qui prendrait en compte les disparités existantes entre groupes de pays (les industrialisés, les émergents, les moins avancés).

Un impératif : produire plus pour nourrir mieux

Face à la montée des besoins, il n'y a pas d'autre alternative que d'augmenter la production agricole. Pour une fois, les experts sont à peu près d'accord en estimant que, pour prendre en compte toute la demande alimentaire et le *non-food*[1], il faudrait la multiplier au moins par deux d'ici à 2050. Est-ce possible ? L'inventaire du potentiel disponible permet d'affirmer que la Terre peut nourrir 10 milliards d'habitants à condition de mobiliser toutes les agricultures.

Celle des pays industrialisés dispose d'une marge de productivité capable d'apporter une première réponse à la pénurie : en Europe en général et en France en particulier, les rendements céréaliers qui progressaient en moyenne d'un quintal par an se sont stabilisés sous l'effet des contraintes de toute nature auxquelles les agriculteurs ont été soumis.

On peut aussi estimer que les nouveaux membres de l'Union européenne qui disposent d'un fort potentiel à valoriser, telles la Pologne et la Roumanie, vont rapidement rattraper leur retard technique et

---

1. Terme qui rassemble toutes les utilisations non alimentaires des denrées agricoles.

obtenir des résultats comparables à ceux régulièrement constatés à l'Ouest. Plus à l'est, l'Ukraine, la Russie et le Kazakhstan – dont les terres à tchernoziom sont particulièrement fertiles – peuvent doubler leur production (leur rendement moyen de blé atteignant à peine 20 quintaux à l'hectare quand il est proche de 70 en France). Il est superflu de s'interroger sur les raisons pour lesquelles leur retard est aussi conséquent. Tout a été dit sur l'échec retentissant d'un système étatique appliqué à l'agriculture. Dans ces pays, le renouveau agricole dépend de la capacité à reconstituer une vraie paysannerie prête à reprendre à son compte la gestion des kolkhozes sous des formes associatives, à diviser ces énormes fermes en unités plus maîtrisables et à éviter leur accaparement par des hiérarques ou d'habiles hommes d'affaires qui maintiendront sous une autre forme le système ancien, comme c'est le cas actuellement.

Le précédent roumain démontre qu'il n'est facile de changer ni de méthode, ni de maître. Dix ans après la « libération du pays », les fermes collectives subsistent encore et leurs directeurs sont toujours si ancrés dans leurs habitudes que, par exemple, ils refusent obstinément de payer l'eau d'irrigation tirée du Danube sous prétexte qu'ils ne l'ont jamais fait auparavant.

En Pologne, l'adaptation est plus rapide. Sous régime communiste subsistaient des agriculteurs libres ; ils avaient refusé de se laisser embrigader dans le système kolkhozien malgré les brimades dont ils étaient l'objet. On les empêchait de se moderniser. Ils ne pouvaient acheter ni tracteur ni autre matériel et peu d'engrais. Mais grâce à ce noyau dur paysan resté en place, la reconversion s'avère plus facile : il suffit de proposer des terres à cultiver aux candidats potentiels.

La révolution économique, sociale et culturelle qui s'amorce avec plus ou moins d'ampleur en ex-Union soviétique conditionne le renouveau agricole de ces pays. Ceux-ci en feront-ils une priorité ? Rien n'est moins sûr pour la Russie et le Kazakhstan dont les ressources pétrolières constituent une rente qui leur permet de couvrir par

114

des importations leur déficit alimentaire, facilité à laquelle a cédé l'Algérie depuis son indépendance, au détriment de son agriculture. En région tropicale, malgré la pauvreté des sols, l'exubérance de la végétation adventice[1], la prolifération des parasites des cultures et la fureur des cyclones, la production agricole peut connaître une expansion aujourd'hui insoupçonnée.

Sur tous les continents, il existe un potentiel dont la mise en valeur ne dépend pas seulement du climat et de la richesse des sols mais encore et surtout de la disponibilité de capitaux pour investir et de l'intelligence et du courage des hommes de la terre pour maîtriser leur art là où ils sont. Car, en agriculture, il n'y a pas de modèle unique de production, d'organisation, de commercialisation. Copier le voisin comme cela se fait en industrie n'est pas suffisant et peut même être fatal. Chaque paysan doit inventer son propre développement.

La terre, un bien limité et non renouvelable

Au-delà de l'emploi des nouvelles technologies, tout bien compté, il sera sans doute nécessaire de puiser dans la réserve des terres vierges de la planète pour nourrir le monde. Leur superficie totale est équivalente au double de l'ensemble des surfaces cultivées soit 2,5 milliards d'hectares. Ce ne sont certes pas les meilleures et les mieux situées mais leur mise en culture, au fur et à mesure des besoins, paraît inévitable : en cinquante ans, la croissance de la population mondiale a divisé par deux la superficie disponible pour nourrir une personne[2]. Or, ce sont les terres à fort potentiel agronomique[3], géné-

---

1. Les plantes adventices sont les mauvaises herbes qui concurrencent les plantes cultivées ; elles se détruisent chimiquement ou par sarclage.
2. Un hectare de terre cultivée disparaît toutes les sept secondes de la surface du monde alors qu'un bébé naît toutes les trois secondes (source : revue Agritel).
3. Les terres françaises à haut potentiel agronomique représentent le cinquième de la superficie agricole totale de la France, soit 6 millions d'hectares sur 29 millions.

ralement situées dans les vallées et dans les deltas des grands fleuves, très convoitées par les aménageurs, qui sont retirées aux agriculteurs[1]. Une perte à laquelle s'en ajoutent d'autres, liées à l'érosion naturelle et à la salinisation des sols irrigués ; on la chiffre annuellement à 14 millions d'hectares, ce qui correspond à près de la moitié des terres arables françaises.

On dilapide en France

En France, ce sont 60 000 hectares de bonnes terres qui disparaissent chaque année, soit l'équivalent de la superficie agricole d'un département tous les six ans. Au rythme actuel de l'extension des villes, de l'emprise des zones industrielles à leur périphérie, dans cinq cents ans, il n'y aura plus de terres cultivables en France et, à la fin de ce siècle, toutes les superficies consacrées au maraîchage situées à proximité des villes maraîchères auront été urbanisées.

Mais tant que la productivité des paysans compense les pertes de surface, personne ne s'en soucie. On agit comme si la ressource foncière était inépuisable. La protection des terres agricoles n'est pas à l'agenda du ministère de l'Environnement[2]. Pas plus qu'elle ne fait partie des préoccupations des écologistes de profession, estimant plus médiatique de s'attaquer au prétendu épuisement des sols par les agriculteurs dénoncés « productivistes » qu'à la perte d'une ressource foncière forcément limitée ; bien évidemment elle ne crée pas de souci à ces aménageurs pour qui la terre, objet de spéculation, n'est qu'un simple support à leur rage de bâtir, un bien condamné sans recours possible à la fonction résiduelle de réserve foncière disponible. Certes, personne ne conteste qu'il faille libérer des espaces pour

---

1. C'est en France que le rapport nombre de résidences secondaires/importance de la population est le plus élevé au monde.
2. L'ambition du ministère de l'Environnement de développer le photovoltaïque à hauteur de 5 000 MW nécessite 15 000 hectares de superficies : les toitures n'y suffiront pas. Aussi envisagerait-on d'en installer une bonne partie en plein champ !

l'habitat et les équipements. Mais pas à ce rythme. Pas au profit d'intérêts privés contestables et ni dans l'anarchie, ni dans l'arbitraire, mais dans le respect de la terre nourricière.

On marchandise dans le Tiers-Monde

La France n'a pas l'exclusivité du gel des sols sous le béton. Les petits États comme les grands cèdent à la facilité d'artificialiser les sols agricoles plutôt que de commencer par réhabiliter les terrains militaires abandonnés et les friches industrielles. En Chine, c'est encore plus inquiétant. Alors que la terre cultivée par tête a chuté à 800 m^2 – soit le dixième de la moyenne mondiale –, 300 000 hectares sont annuellement retirés à l'agriculture[1]. Confrontés à une pénurie de terres arables, plusieurs pays à forte densité de population n'hésitent pas à pratiquer un « néocolonialisme agraire » en acquérant à l'étranger d'immenses domaines dont ils rapatrieront la production en franchise de douane pour assurer la sécurité alimentaire de leurs populations. C'est ainsi qu'il était annoncé fin 2008 que le groupe sud-coréen Daewoo prétendait louer pour 99 ans 1,3 million d'hectares de terres cultivables à Madagascar dont il espérait tirer l'équivalent de la moitié des importations de maïs de la Corée. La première conséquence en fut le coup d'État qui a renversé le président malgache démocratiquement élu, parce qu'il était compromis dans cette affaire. Ce phénomène d'accaparement se mondialise : la Chine, l'Inde, les riches Émirats s'intéressent à l'Amérique du Sud, à l'Afrique, à l'Ukraine pour y opérer des OPA foncières au détriment des acteurs locaux et sans respect pour la terre assimilée à un bien de consommation…

---

1. D'autres estimations font état d'un million d'hectares retirés chaque année à l'agriculture en Chine, ce qui incite les Chinois à se porter acquéreurs de vastes superficies cultivables en Afrique et en Amérique du Sud (source : revue Agritel).

On résiste çà et là

À cette gabegie, le Liban fait exception. Il interdit en principe toute construction dans la plaine de la Bekaa, ce magnifique jardin de 120 km de long sur dix de large, arrosé par l'Oronte qui collecte les eaux des deux chaînes de montagne encadrant du nord au sud cette riche vallée. En conséquence, l'habitat occupe les premiers reliefs attenants, sans préjudice pour personne. Cette sagesse, qu'on espère durable, n'est hélas pas contagieuse : les emprises injustifiables se multiplient dans le monde entier.

La France n'est pas en reste. Automne 2001 : occupés à la récolte des betteraves à sucre et aux semis de blé, les agriculteurs du Santerre dans la Somme apprirent avec consternation la décision du ministère de l'Équipement d'exproprier 4 000 hectares de terres agricoles pour créer un aéroport destiné à soulager Orly et Roissy de leur trafic aérien arrivé à saturation. Les premiers à s'insurger furent les associations patriotiques et d'anciens combattants indignés que l'on veuille chambouler cette terre meurtrie, où sont tombés 800 000 soldats alliés lors de la bataille de la Somme en 1916 et probablement autant d'Allemands, et que l'on déplace une nécropole où reposent 50 000 poilus et beaucoup de petits cimetières de soldats britanniques et du Commonwealth implantés au milieu de ces champs cultivés, à l'endroit même où ces combattants ont été fauchés par la mitraille. À ces protestations, les agriculteurs emboîtèrent le pas sous la menace d'une emprise totale de 33 000 hectares destinée à répondre à la demande d'entreprises diverses intéressées par la proximité de la plate-forme. 40 000 emplois étaient en jeu. La décision semblait acquise. Pourtant, ces terres sont parmi les meilleures du monde. Terres de limon, profondes et riches, remarquablement cultivées, elles fournissent en légumes trois conserveries Bonduelle employant 5 000 salariés certains de perdre leur travail si le projet était retenu. Mais fort heureusement le bon sens l'a emporté ; tous ces arguments invoqués, humainement sensibles pour les uns, économiquement justifiés pour les autres, sont venus à bout de l'entêtement des promoteurs et de leurs soutiens.

118

Pour être objectif il faut aussi reconnaître que tous les propriétaires fonciers, exploitants agricoles ou non, ne sont pas insensibles à la perspective de plus-values qu'offre le changement de destination des sols. J'en veux pour preuve mon échec lors de ma présidence à la FNSEA à convaincre les agriculteurs de Marne-la-Vallée de demander le déplacement du site envisagé pour l'implantation d'Eurodisney vers des terrains d'extraction de granulats à proximité, ce qui aurait économisé des terres de haute valeur agronomique. Pour les mêmes raisons d'intérêt financier disparaissent à Nice, Cannes, Antibes, les traditionnelles productions florales du littoral au profit de la construction de somptueuses demeures. Les prix des terrains proposés et la concurrence extérieure sur le marché floral de pays tels qu'Israël ou la Bolivie ont eu raison de la résistance des producteurs du midi à vendre leurs parcelles idéalement situées.

Les OGM en planche de salut ?

Une nouvelle chance se présente pour les pays de la faim d'améliorer leur sécurité alimentaire et d'accroître leurs cultures d'exportation : l'accès aux organismes génétiquement modifiés (OGM) sans le recours desquels il est vain d'espérer nourrir une planète dont la population augmente d'une Allemagne chaque année.

Une controverse infondée

Sujet à controverses plus idéologiques que scientifiques en Europe, l'emploi des biotechnologies ne cesse de se développer dans le monde en deux pôles qui se partagent à égalité les superficies cultivées : l'Amérique du Nord d'une part et un quarteron de pays émergents comprenant le Brésil, la Chine, l'Inde et l'Argentine d'autre part, pour un total de 120 millions d'hectares[1], soit quatre fois l'étendue des terres arables françaises. 60 % du soja produit dans le

---

1. 120 millions d'hectares, c'est 10 % des superficies cultivées dans le monde.

monde est transgénique. Il alimente les cheptels de toute l'Europe, y compris des pays qui refusent d'en produire sur leur sol, tel l'Hexagone. Le taux de maïs OGM atteint déjà 20 %, celui du coton 30 %, et le reste suit au fur et à mesure que les chercheurs réussissent à introduire dans les plantes choisies les gènes qui vont améliorer leur composition, leur résistance aux maladies et aux insectes, leur adaptabilité à des conditions climatiques ou géographiques défavorables.

Il n'y a rien de mystérieux ni de diabolique dans ces pratiques qui, sous le bénéfice d'un saut technologique majeur, prolongent la sélection naturelle de la faune et de la flore et celle des croisements végétaux conduite depuis des siècles de façon empirique par des générations de semenciers et d'agriculteurs. La transgénèse n'est qu'un coup de pouce des scientifiques à l'évolution du vivant dont la modification graduelle s'inscrit dans son patrimoine génétique pour qu'il s'adapte, sous peine de disparaître, à un environnement lui-même changeant, selon les lois de la sélection naturelle et de la variation des espèces établies par Darwin et confirmées par l'histoire de la planète.

Chargée d'un rapport sur les OGM, une mission d'information de l'Assemblée nationale (2005) à laquelle j'ai participé a procédé à de multiples auditions de scientifiques. Bien que le risque zéro n'existe pas, ces témoignages ne laissent pas de doute sur l'innocuité des biotechnologies et sur le caractère positif du bilan comparé avantages/inconvénients de leur emploi dans le secteur végétal. Il faut rejeter cette polémique alimentée par de pseudo-savants tout en regrettant le surplace qu'elle impose aux laboratoires de l'Hexagone ; pendant que leurs concurrents étrangers galopent, les nôtres tiennent en réserve des dizaines d'OGM qu'ils ne peuvent expérimenter en plein champ sous peine d'assister, impuissants, à leurs destructions par des hurluberlus télécommandés que les tribunaux répugnent à sanctionner.

Une chance pour le Tiers-Monde

Leurs découvertes, comme celles de leurs concurrents, constituent des pistes intéressantes pour apporter une solution aux problèmes nutritionnels majeurs des PVD. En témoigne la mise au point du « riz doré » qui désigne une variété de riz enrichi en vitamine A, capable de protéger d'une cécité irréversible 500 000 enfants d'Asie du Sud-Est, victimes chaque année de cette carence. D'autres objectifs sont visés par la mise au point de transferts de gènes. Ils sont ciblés sur l'amélioration des rendements céréaliers, de l'enrichissement des plantes, de leur résistance aux maladies (oïdium des céréales, mildiou de la pomme de terre et de la vigne, etc.), aux parasites tels les charançons qui détruisent en Afrique le tiers des grains stockés, aux larves des insectes ravageurs (la pyrale du maïs ou le *budworn* du coton, coupables de destruction spectaculaire de récoltes). D'autres pistes sont inventoriées pour accroître la résistance des plantes à la sécheresse[1], à la salinité des sols, leur donner la capacité de fixer l'azote de l'air comme le font naturellement les légumineuses par les nodules de leurs rhizomes.

Le champ d'investigation est immense et prometteur[2]. Le Tiers-Monde s'y intéresse après en avoir été dissuadé par certaines ONG hostiles aux grands groupes américains (Monsanto, Du Pont de Nemours) devenus maîtres du marché par défaut de concurrence.

L'Afrique du Sud s'y est beaucoup investie. Sur leurs grands domaines, les *agri-managers* blancs ne cultivent plus que des plantes OGM. Les petits agriculteurs noirs à qui la réforme agraire a attribué des terres, leur ont emboîté le pas. Ils expriment volontiers leur satisfaction

---

1. L'Égypte a testé sur 200 hectares un maïs transgénique résistant à la sécheresse dans le désert.
2. Des techniques font l'objet de recherches et de mises au point par l'Agence internationale de l'énergie atomique pour accroître la résistance et la productivité des plantes, telle la mutation des gènes par radioactivité dont les premiers résultats sont prometteurs.

d'échapper à la contrainte des traitements répétitifs avec des produits parfois dangereux alors qu'ils n'ont pas les appareils d'épandage précis qu'exige la maîtrise des applications d'insecticides, d'herbicides ou de fongicides. Certes, le prix des semences est élevé ; néanmoins, la marge bénéficiaire reste meilleure et la régularité des rendements s'est substituée aux incertitudes d'autrefois. Pour échapper à la dépendance des grands semenciers internationaux[1], ils comptent sur le pôle de recherche de leurs universités auxquelles l'enjeu national n'a pas échappé. D'où cette confidence d'un scientifique du Cap : « *Je connais bien la France. C'est un magnifique pays. Votre agriculture est riche et performante. Elle a l'avantage de disposer d'un sol de qualité et de bénéficier d'un climat propice. Je comprends que vous n'ayez pas besoin des OGM pour nourrir votre population. Mais nous, les Africains, ils nous offrent la chance de pouvoir nourrir la nôtre.* » Et en l'écoutant, je revoyais toutes les savanes incultes que coupe la route reliant Johannesburg au Cap, trop sèches ou trop arides pour être cultivées, et je les imaginais redevenues fertiles grâce à l'utilisation d'un éventail d'OGM que les pays riches mettraient gratuitement à la disposition des paysans pauvres[2].

La faute de l'Europe

Car tout est là. Si l'Afrique du Sud fait exception aux côtés de l'Inde et de la Chine en consacrant à la mise au point de plantes génétiquement modifiées des moyens financiers et humains importants, le reste du Tiers-Monde est tributaire des trois grands groupes internationaux qui dominent le marché des OGM parce que l'Europe, réticente à ces biotechnologies, leur laisse le champ libre en gelant égoïstement le produit de ses recherches, en interdisant leur expéri-

---

1. L'interdit qui frappe la culture des OGM en France, deuxième semencier mondial, renforce la domination américaine.
2. Le père de la révolution verte en Inde, l'octogénaire Moukoumbu Swaminako, recommande « d'aller vers les OGM ».

mentation et leur commercialisation. C'est en profonde contradiction avec les intentions maintes fois exprimées par les institutions européennes – Parlement, Commission, Conseil des Chefs d'État – de venir en aide au Tiers-Monde. En se contentant de perfuser au goutte à goutte les PVD par des subventions ponctuelles, même quand elles prennent la forme plus présentable d'une fourniture de semences (conventionnelles !) et d'engrais, elles se comportent comme un gouvernement qui privilégierait l'assistanat de ses chômeurs plutôt que leur retour à l'emploi.

L'essor agricole durable du Tiers-Monde passe par le transfert des techniques modernes qui ont fait leurs preuves sous toutes les latitudes. Les OGM sont de celles-là car ils peuvent répondre aux conditions de production les plus exigeantes.

Mobiliser tous les paysans

Sur les 6 milliards d'âmes que compte la planète, la moitié sont des paysans. Cette moyenne très hétérogène intègre des situations démographiques différentes d'un État à l'autre. Dans les pays industrialisés, la population agricole n'atteint pas 5 % de l'ensemble alors que dans les PMA, elle dépasse les trois quarts. Néanmoins, bien qu'il n'y ait aucune commune mesure entre le professionnalisme des paysans du Nord et le traditionalisme de ceux du Sud, tous doivent être mobilisés pour relever le défi alimentaire qui tient en deux objectifs : le premier est d'assurer le taux de sécurité alimentaire le plus élevé possible dans leurs pays respectifs ; le second consiste à contribuer à l'approvisionnement des marchés mondiaux, chaque nation se déterminant selon les opportunités de production que lui offrent son climat et sa géographie : dans l'hémisphère Nord, les céréales et l'élevage ; dans l'hémisphère Sud, les produits tropicaux (café, cacao, coton, fruits exotiques…). Ce qui ne procéderait pas d'une division internationale du travail mais d'une répartition des atouts des uns et des autres pour un avantage commun à partager équitablement.

Cette conception s'écarte d'une idée fortement répandue selon laquelle l'Afrique subsaharienne devrait mettre l'accent sur les cultures vivrières au détriment de ses cultures d'exportation. Or, ce serait une erreur de la priver des recettes de son commerce extérieur, bien utiles pour financer ses investissements de modernisation. C'est pourquoi il lui appartient de conserver un bon équilibre entre ces deux types de ressources agricoles.

Naissance du plan Guillaume

À la lumière du fait démographique, de la réalité économique et des nombreuses expériences de développement agricole qui ont mobilisé beaucoup d'énergies et d'argent, une évidence s'impose : il faudra produire plus – au moins deux fois plus en un quart de siècle – pour répondre à la demande solvable et non solvable. Par souci de vérité, on doit aussi reconnaître que le défi alimentaire ne sera pas relevé par les seules initiatives privées. L'addition des microréalisations, si intéressantes et réussies qu'elles soient, n'est pas à la hauteur du problème posé. C'est pourquoi, compte tenu du caractère spécifique de l'agriculture, lié à la nature de sa production et à la fragilité de l'équilibre de ses marchés, aucun pays ne peut confier sa sécurité alimentaire au seul exercice de la confrontation de l'offre et de la demande. Appliquée sans discernement, cette loi ignore l'inégalité des compétiteurs et les effets destructeurs des concurrences abusives et de l'instabilité d'un bon nombre de monnaies nationales. En conséquence, il appartient à la Communauté internationale de reconnaître une exception au libre-échange généralisé – l'exception alimentaire –, d'en fixer les règles et les moyens et de réunir les conditions économiques et monétaires de son succès.

Convaincu de cette nécessité et ayant observé qu'aucun accord agricole mondial de régulation par produit n'avait réussi, qu'aucun projet de politique globale autre qu'une libéralisation à tout-va – dont on mesure aujourd'hui les désastreuses conséquences financières, économiques, écologiques et humaines – n'avait été ni proposé ni même étudié, j'ai estimé, et d'autres avec moi, qu'il fallait combler cette lacune, à bien des égards volontaire. En définissant un projet politique que pourrait porter, avec d'autres, la France, tout à la fois grand pays agricole[1] et pays des Droits de l'homme qui, dans leur version universelle, intègrent le droit à la nourriture.

Pour y parvenir, nous avons des atouts et des références : le bon sens, notre expérience du progrès agricole des Trente Glorieuses et, de manière plus générale, l'existence, dans chacune des grandes nations prospères, de mécanismes de défense de la production et des revenus agricoles dont il est utile de tirer la leçon de leurs réussites comme de leurs échecs pour en étendre l'avantage à tous. Les assembler en un système cohérent et universel se heurte inévitablement aux intérêts et égoïsmes nationaux. Pour les dépasser et pour bénéficier de la compréhension de l'opinion publique et gagner son soutien, il fallait un projet qui s'apparente à une précédente démarche de solidarité internationale à but similaire. Le plan Marshall avait cette antériorité et cet avantage démonstratif et pédagogique. De plus, il avait connu en son temps un grand succès en aidant l'Europe à se relever de ses ruines, au lendemain de la Seconde Guerre mondiale. La référence à ce modèle fut largement approuvée dans l'hémisphère Nord mais incomprise au Sud.

J'en eus la preuve au cours de mon périple ministériel en Afrique quand mes interlocuteurs me déclarèrent, avec humour et gentillesse, que, « ne connaissant pas Monsieur Marshall » (!), ils labelliseraient « Plan Guillaume » la proposition que je leur commentais.

---

1. L'agriculture française représente 20 % de l'ensemble de la production agricole des vingt-sept États membres de l'UE.

Le monde de l'abondance
ignore celui de la pénurie

L'insuccès des politiques en faveur du Tiers-Monde n'a hélas pas encore épuisé la résistance au changement de la pensée dominante – le libéralisme – comme des structures établies – les grandes puissances de ce monde et les institutions internationales qu'elles contrôlent. Mais plus le temps passe, plus la pression migratoire s'exerce sur les rives de l'Eldorado occidental, plus la haine des déshérités contre les nantis s'exprime en manifestations et attentats, plus le drame de la faim se médiatise, plus se mondialise la prise de conscience qu'il est temps de rompre avec les politiques actuelles qui enferment les deux tiers de l'humanité dans le sous-développement. La mondialisation du système libéral, pratiquée à l'excès, est en cause. L'opinion publique internationale le ressent confusément. Les élites de la poignée de grandes nations qui dirigent le monde acceptent maintenant le principe d'une remise en question de la pensée unique en vogue : certaines d'entre elles paraissent prêtes à admettre une redistribution des cartes du développement sur la base d'un plan porteur d'un nouvel ordre économique dont l'agriculture serait une première application. Avec pour mission de relever le défi alimentaire et, conjointement, celui du retour à la croissance des PMA par le soutien à leur production agricole, leur activité dominante. C'est tout l'objet de la politique macro-économique du « plan Guillaume » que, sous diverses responsabilités successives – professionnelles et politiques –, je suis allé promouvoir sur tous les continents après en avoir défini la philosophie, le cadre et les moyens avec plusieurs pays concernés.

Dirigeant agricole conscient du hiatus croissant entre le monde occidental en situation d'excédents permanents et le Tiers-Monde à la natalité galopante souffrant d'une grave pénurie alimentaire, je prévoyais les difficultés agricoles inverses qu'allaient rencontrer « ces deux mondes sur une seule planète ». Compte tenu de l'absence de convergence entre les besoins et les disponibilités, il me semblait évident qu'il faudrait un jour mettre en œuvre le principe des vases communicants entre les continents pour préserver la paix. Mais dans des conditions telles que soit exclu tout assujettissement d'un hémisphère par rapport à l'autre, ce qui nécessitait une organisation équitable des échanges.

Ma crainte était justifiée. Dès l'apparition de surplus agricoles en Europe, au début des années 1980, la Commission européenne invoqua la raison économique pour contingenter la production – au moyen des quotas laitiers en 1984 puis du gel obligatoire de terres productives en 1992. Ce fut un péché contre l'esprit : au même moment, la famine s'étendait au Sud. Dès lors, chacun des deux mondes poursuivit sa route toute tracée : l'un la voie du profit, l'autre son chemin de croix.

Cette fatalité, je la jugeais inacceptable. Mais je m'interrogeais sur le moyen de lever l'indifférence des pays riches aux malheurs du Tiers-Monde. Un voyage au Cameroun organisé par un de mes fils, coopérant volontaire durant son service militaire, avait emporté ma conviction qu'en dépit du courage de la population locale et de l'aide extérieure, jamais ce pays, comme chacun de ses voisins, n'accéderait à la prospérité si son activité économique renaissante n'était pas provisoirement protégée de la concurrence étrangère et si l'organisation des marchés agricoles ne mettait pas un terme à l'instabilité catastrophique des prix de vente de ses denrées exportées.

C'est un changement dans mon parcours personnel qui apporta la réponse à cette lancinante question dont je ne parvenais pas à faire partager l'angoisse aux décideurs politiques.

L'adhésion progressive de la communauté internationale

La France s'implique

En mars 1986, à la demande du Premier ministre Jacques Chirac, vainqueur des élections législatives, j'acceptais d'entrer dans son gouvernement au titre de ministre de l'Agriculture avec l'ambition de traduire dans les faits les politiques que j'avais défendues à la présidence de la toute-puissante FNSEA.

Au-delà des missions traditionnelles de ce ministère, des rudes négociations des marathons agricoles sur des enjeux qui divisaient souvent les partenaires de l'Europe à Douze et des confrontations au Gatt sur le contenu des règles du commerce mondial, je m'étais assigné la tâche de convaincre la communauté internationale du bien-fondé d'une nouvelle organisation de l'agriculture de la planète, telle que définie dans le plan Guillaume – devenu le Plan français du fait de ma présence au gouvernement.

Animé par le sentiment que je ne réunirais jamais des conditions aussi favorables à cette entreprise de persuasion, j'engageai une offensive diplomatique de grande ampleur auprès des chefs d'État et de gouvernement en adaptant mon discours à l'intérêt économique ou politique que chacun pourrait découvrir dans ce projet. Évidemment, les nations du Tiers-Monde qui en tireraient bénéfice y seraient favorables. En revanche, d'autres, très attachées à leur doctrine libérale, s'y déclareraient franchement hostiles, tels les États-Unis et leurs affidés du groupe de Cairns[1]. Un troisième groupe avec le Japon, l'URSS, la Corée du Sud serait difficile à convaincre dans

---

1. Le groupe de Cairns rassemble des pays qui, en appui des États-Unis, se sont mobilisés en faveur de la libéralisation intégrale du commerce agricole. Parmi ceux-ci, on recense les nations anglo-saxonnes et les grands pays agricoles que sont le Brésil et l'Argentine.

la mesure où, pour ces importateurs nets de produits alimentaires, fixer un prix minimum mondial des céréales interdirait toute transaction en deçà, ce que permettait la rivalité des fournisseurs sur ces marchés de surplus. Et comme, pour assurer le respect de cette discipline, le plan prévoyait une répartition des marchés en fonction des proximités géographiques vendeurs/acheteurs pour toutes les ventes réalisées au prix minimum – la concurrence s'exerçant seulement au-delà –, toute échappatoire se révélerait impossible.

Le soutien du Vatican

Cet inventaire des réactions prévisibles était utile pour ordonnancer la succession des rencontres à haut niveau destinées à réunir un consensus sur l'économie générale du Plan avant qu'une autre politique introduite par le débat agricole au Gatt et soutenue par les États-Unis n'engage la communauté internationale en sens contraire, c'est-à-dire vers la totale libéralisation des échanges agricoles. Il fallait donc faire vite pour rallier à notre cause le plus grand nombre possible d'autorités politiques et religieuses, ce qui permettrait en même temps d'isoler celles qui s'y déclaraient franchement hostiles. Pour bien marquer le caractère universel de notre démarche, c'est à Rome, auprès de Jean-Paul II, que nous avons entamé notre tour du monde, la caution du très charismatique Saint-Père étant essentielle. J'arrivai au Vatican accompagné du Père Bonnet, dominicain, membre de mon cabinet ministériel et de l'abbé Pierre, haute figure mondialement connue dans la défense des pauvres, ami de ma famille depuis que ma mère avait été sa colistière lors des élections législatives de 1946. Ensemble, dans un silence impressionnant – ne nous exprimant que peu entre nous et à voix basse par respect instinctif du lieu – nous avons emprunté l'enfilade des galeries de Saint-Pierre de Rome jalonnée de ces portiques monumentaux dont la succession écrase le visiteur et lui donne le sentiment de gagner en humilité à chacun de leur franchissement. Tout au bout, le Saint-Père nous attendait. Il nous accueillit avec beaucoup de simplicité et une curiosité amusée à la vue de ce groupe composé d'un ministre de la République française cornaqué par deux clercs de haute renommée. Je n'étais pas le seul à être impressionné. L'abbé Pierre, généralement prolixe, restait discret, écoutant humblement le conseil du pape de ne pas trop en faire avec les médias.

En audience privée durant une demi-heure, je pus l'entretenir de mon projet, lui suggérant d'organiser une « Assise » de la faim réunissant dans la ville italienne de Saint-François le quarteron de chefs d'État qui pouvait mettre un terme à l'inacceptable – la famine et la pauvreté – comme il avait invité précédemment à un « Assise » à but œcuménique les plus hauts dignitaires des grandes religions. Sur sa recommandation, je fus assuré de la collaboration active de la commission Justice et Paix que présidait le cardinal Etchegarray. Le même jour, je rencontrais le directeur général de la FAO, le Libanais Saouma, dans l'intention d'établir des liens plus étroits avec cette institution onusienne spécialisée dans le développement agricole et l'alimentation.

Le test africain

L'Afrique était la seconde étape de notre parcours, des rencontres étant programmées avec les présidents Félix Houphouët-Boigny en Côte d'Ivoire, Hissein Habré au Tchad, Ngassimbé Eyadema au Togo et avec Mamadou Dembele, Premier ministre du Mali. Partout, je constatais le bel intérêt manifesté par ces chefs d'État pour notre proposition. Ils appréciaient que la France, dont ils s'étaient affranchis vingt ans auparavant, prenne une initiative conforme au droit et à la justice et leur donne la chance de mettre fin à la fatalité de leur appauvrissement. Ma tournée se prolongea au Maroc, où je fus d'autant mieux entendu que j'avais donné à mon collègue et ami le ministre marocain de l'agriculture des preuves du respect des principes auxquels je me référais : sans préjudice pour nos serristes, j'avais en effet accepté un nouveau calendrier d'importation de tomates marocaines en France, à contingent identique aux flux antérieurs malgré l'adhésion de l'Espagne à l'Union européenne qui perturbait par sa production le traditionnel commerce des fruits et légumes marocains vers l'Europe. Des milliers d'emplois avaient été préservés dans le royaume et mon arrivée sous les youyous des femmes de Casablanca pour remercier la France avait été émouvante. La Tunisie était dans un même état d'esprit. Paris était à nouveau l'avocat de l'Afrique.

L'Asie difficile d'accès

En Asie, c'était plus compliqué. Des dictatures militaires ou communistes y sévissaient encore. La Chine et l'Inde vivaient en autarcie alimentaire et ne participaient pas aux négociations du Gatt. Tout débat avec elles n'eut été que théorique et donc sans suite. En revanche, la Thaïlande, pour ses produits avicoles et piscicoles transformés, et le Bangladesh, producteur de jute mal protégé de l'anarchie du marché mondial, méritaient un déplacement dont les échos pourraient utilement s'étendre au voisinage. Notre discours y fut bien reçu.

Le Japon plus favorable que prévu

Le Japon était un point de passage obligé. Nous y arrivâmes la veille d'un vote de l'ONU en passe de condamner la politique de Paris en Nouvelle-Calédonie. Lors des débats antérieurs, le Japon s'était toujours montré solidaire des positions de l'Océanie et des Philippines majoritairement hostiles à la France. Aussi, avant son départ pour le Conseil de Sécurité à New York, je devais rencontrer le Premier ministre nippon pour le convaincre de s'abstenir lors du vote afin d'éviter à notre pays une résolution défavorable. Cette neutralité était ce qu'on pouvait attendre de mieux du Japon, m'avait indiqué Jacques Chirac. Je l'obtins au cours d'un entretien tendu mais courtois sans pouvoir lui présenter notre plan pour le Tiers-Monde. C'est donc au ministre Mutsuki Kato, en charge de l'Agriculture, que je m'adressai. Mais pour que la discussion soit sereine, il fallait au préalable régler les différends commerciaux qui nous opposaient. Le pays du Soleil levant est très protectionniste. Attaché à préserver sa sécurité alimentaire, il limite ses importations au strict nécessaire, dressant à ses frontières des barrières administratives et sanitaires quasi infranchissables. Je ne pouvais manquer de me souvenir que son représentant, lors de la première négociation agricole du Gatt, nous avait déclaré, en larmes, que si on l'obligeait à renoncer au soutien accordé à ses petits paysans, il devrait se faire hara-kiri, joignant devant nous le simulacre du geste à la parole. À Tokyo, l'atmosphère était plus détendue. À titre d'introduction, j'avais fait valoir mes relations avec le PDG politiquement influent du grand groupe nippon Morinaga, membre d'un club multinational d'industries laitières, partageant recherches et innovation, auquel adhérait la laiterie Saint-Hubert dont j'étais le président. Mais nos litiges commerciaux avec le Japon étaient nombreux. Les commissions bipartites les examinant n'en finissaient pas de débattre sans conclure. Car à peine les experts français apportaient-ils la preuve qu'un risque sanitaire dénoncé était écarté que la délégation japonaise en soupçonnait opportunément un autre pour retarder l'ouverture de leur marché. Cette comédie durait depuis sept ans pour les fruits et légumes. Je ne m'y risquai point faute d'espérer un résultat immédiat. C'est pourquoi, à la demande des producteurs bretons en recherche de débouchés, j'avais de préférence misé sur notre viande porcine que les japonais refusaient sous le fallacieux prétexte que nos bovins étaient vaccinés contre la fièvre aphteuse. Avec le ministre Kato, la discussion dura une partie de la nuit. Ayant obtenu une large levée des interdits en cause, j'en vins à l'essentiel avec la présentation de notre Plan pour le Tiers-Monde. Je m'attendais à une écoute polie ou pire, à de grandes réserves. Après tout, le Plan avait pour première conséquence le relèvement du prix des produits alimentaires importés au Japon. À mon grand étonnement, il reçut un accueil favorable.

Deuxième puissance économique mondiale, le pays du Soleil levant estimait que l'appauvrissement des PVD le privait de débouchés pour sa production industrielle et plus particulièrement informatique dans laquelle il excellait. Aussi, toute redistribution du pouvoir d'achat au Sud serait, estimait-il, un ballon d'oxygène pour son économie qui commençait à s'essouffler.

Ne pas encourir le véto russe

Un autre déplacement s'imposait : l'Union soviétique, qui absorbait l'essentiel des surplus agricoles mondiaux, procédant à des achats massifs chaque fois que l'encombrement des silos ou des frigos européens lui donnait l'opportunité d'imposer son prix. Intermédiaire unique de ce commerce, Jean-Baptiste Doumeng, le milliardaire rouge, avait à la fois ligne directe avec le Kremlin et contact privilégié avec la Commission européenne trop heureuse de liquider, fut-ce à vil prix, des stocks encombrants. Chacun savait qu'une partie de la commission qu'il percevait servait à financer le Parti communiste. Mais comme à ma grande surprise, il avait accueilli favorablement ma nomination au gouvernement, je l'entretins avec prudence, mais non sans intention, de mon projet de visite à Moscou ; de son objet principal : le Plan, et de mon objectif secondaire : celui de vendre aux Russes un tonnage conséquent de carcasses de porcs bretons pour enrayer une nouvelle chute des cours.

Notre petite délégation arriva à Moscou par un froid polaire. J'eus à peine le temps de saluer l'ambassadeur de France que ce dernier me faisait comprendre que, l'ambassade étant truffée de micros, la discrétion était de mise. En conséquence, il nous invita à descendre au sous-sol pour nous introduire dans ce qu'il appelait le sous-marin – une cage de Faraday – afin de nous mettre à l'abri de toute écoute pour étudier avec lui le programme et entendre son commentaire sur les hautes personnalités que nous allions rencontrer. L'espionnage étant partout, nous dûmes en milieu de journée et par un temps glacial nous arrêter sur la place Rouge et descendre de voiture pour échanger tranquillement nos impressions entre deux entretiens politiques afin d'échapper aux oreilles indiscrètes du chauffeur russe.

Les Russes aiment tenir sur le grill leurs interlocuteurs pour mesurer leur degré de résistance ou de persévérance. Alors qu'ils semblaient fermés irrémédiablement à tout achat de carcasses de porcs, c'est lors du dîner de clôture de notre mission que vint la décision favorable à laquelle je ne croyais plus. Le lendemain, par avion officiel depuis

Moscou, j'allai directement en informer les éleveurs bretons dans une porcherie proche de Rennes.

Je n'avais pas oublié pour autant le Plan français pour le Tiers-Monde qui fut présenté aux plus politiques de nos interlocuteurs. Comme les Japonais, les Russes, gros importateurs de denrées agricoles, pouvaient s'estimer pénalisés par un système qui leur interdirait des achats en dessous d'un prix minimum fixé[1]. Ils avaient en outre certainement été tenus au courant de mes déclarations antérieures selon lesquelles en vendant à vil prix des produits agricoles au Japon, les États-Unis et l'Europe finançaient indirectement leur concurrence industrielle et, de la même manière, permettaient à l'Union soviétique, par les économies ainsi réalisées, de consacrer plus de moyens au renforcement de son inquiétante puissance militaire. Aussi je ne m'attendais pas à des encouragements, encore moins à une approbation. Je compris vite que la préoccupation de l'appareil politique soviétique était ailleurs. Sans être pressentie à l'étranger, une course de vitesse était engagée entre la tentative de réforme par la Pérestroïka des uns et la volonté des autres d'en finir avec le régime communiste qui devait s'effondrer trois ans plus tard. Dans un tel contexte, le sort des PVD importait peu. Peut-être même le Kremlin avait-il abandonné l'idée que les troubles, les révoltes en Afrique pourraient servir le communisme en général et les intérêts de l'URSS en particulier.

Passe d'armes avec les États-Unis

Restait une dernière étape, la plus difficile en même temps que la plus déterminante pour le succès de la proposition française : les États-Unis. Lorsque j'y vins en visite officielle pour en débattre, ce n'était pas mon premier contact. À plusieurs reprises, au titre de la FNSEA puis en tant que ministre, j'avais rencontré des leaders américains. Et tout particulièrement le secrétaire d'État à l'Agriculture de Ronald Reagan, Richard

---

1. Il n'était pas rare que le blé payé 130 francs le quintal au producteur français soit livré aux Soviétiques à 50 francs…

Lyng, un conservateur méprisant à l'égard de tout ce qui n'était pas américain. Je lui étais profondément antipathique depuis que nous l'avions mis en échec deux fois : une première lors de la réunion inaugurale de l'Uruguay Round et une deuxième à Rome en assurant, contre son propre candidat, la réélection à la FAO du Libanais Saouma. Et il n'était pas sans ignorer notre tour du monde diplomatique dont les échos favorables l'indisposaient. Il était assisté du secrétaire d'État au Commerce, le *trade représentative* Clayton Yeutter, beaucoup plus sympathique mais tout aussi convaincu du bon droit américain. Familier en privé, il pouvait être quelques minutes plus tard brutal et de mauvaise foi lorsqu'il lui fallait défendre la conception particulière de Washington sur le commerce international. Lors des séminaires ou conférences organisées par notre ambassade, Lyng et Yeutter télécommandaient des oppositions comme celle inutilement agressive du Farm Bureau, syndicat agricole très conservateur lié au Parti républicain avec qui j'avais déjà croisé le fer en tant que président de la FNSEA. Le président de la Banque mondiale, Barber Conable, en charge de l'aide au développement dans le Tiers-Monde, paraissait mieux disposé à notre égard. Bien qu'il ait donné des instructions favorables à l'étude de notre proposition, il dut s'incliner devant l'hostilité de la majorité américaine de son Conseil. Ce blocage eut été désespérant si le Parti démocrate et le président de la Chambre des représentants n'avaient pas tenu un autre langage en saluant en termes élogieux notre initiative. Ils furent suivis par la National Farmers Union, syndicat concurrent du Farm Bureau et partisan d'une politique agricole américaine plus sociale, moins radicale dans son approche économique et ouverte à une action internationale de rééquilibrage en faveur de l'hémisphère Sud. Lyng n'avait pas apprécié. Aussi, pour nous signifier que tant que la Maison Blanche serait tenue par un Républicain, rien ne changerait, il m'envoya quelques mois plus tard une contre-proposition qui reprenait intégralement la thèse officielle des États-Unis en me signalant, à toutes fins utiles, que l'Uruguay Round était le seul cadre approprié pour en débattre.

Justement nous nous y préparions.

Le Plan en marche

Le Plan français acquiert le label européen

À l'entêtement de Washington, il fallait opposer l'unité de vue européenne et, pour cela, convaincre en premier lieu à nos idées le commissaire européen en charge du Commerce extérieur, le Belge de Klerck, seul habilité à négocier au Gatt où l'assistait son collègue à l'Agriculture, le Néerlandais Franz Andriessen. J'avais des relations cordiales avec l'un comme avec l'autre. Leur soutien était indispensable pour que le Conseil des ministres de l'Agriculture fasse sienne la proposition française ; ce fut acquis à une réunion du Conseil des ministres dite informelle parce qu'on n'y décide rien pour prendre le temps de faire un peu de prospective. Mon collègue italien, l'éloquent Philippo Pandolfi, fut le plus enthousiaste et le Néerlandais Gerrit Bracks présenta le meilleur argumentaire pour obtenir l'aval de ministres plus réservés tels l'Allemand Ignaz Kiechle et le Britannique John Mac Gregor.

La FAO adhère

Fort de ce consensus abondamment repris par les médias, je profitai de la 4e conférence de la FAO réunissant à Rome les 150 nations adhérant à l'ONU pour faire reconnaître à tous que le Plan français n'avait rien de révolutionnaire puisqu'il s'identifiait à l'effort consenti après-guerre par les États-Unis en faveur des pays qu'ils avaient libérés. Les termes du discours avaient été choisis pour ménager mon opposant farouche, le ministre américain Richard Lyng, et éviter un affrontement qui nous aurait desservis – sous Ronald Reagan, les États-Unis affichaient une domination triomphante, économique, militaire et diplomatique. À cette tribune mondiale, je déclarai : « *En 1945, à l'Europe ravagée par la guerre, les États-Unis ont fourni non seulement du pain mais aussi des tracteurs pour produire le blé. Jeune enfant à cette époque, j'ai pu mesurer que le courage, s'il était nécessaire, n'est pas suffisant lorsqu'on est privé de tout. Et c'est ainsi que par leur intervention, nos amis américains nous ont rendu en même temps que notre capacité à produire et à commercer, notre dignité et notre liberté.* » Et j'ajoutai : « *Cet exemple nous invite aujourd'hui à prendre une initiative analogue en faveur du Tiers-Monde.* »

Notre crédibilité sur la scène mondiale dépendait de la franche adhésion nationale à ce Plan français. N'étant ni de droite ni de gauche, il aurait dû recueillir un appui unanime. Les mœurs politiques de notre vieux pays malheureusement ne le permettaient pas. Aussi fallait-il se méfier des chausse-trappes de l'Élysée qui, sous la Ve République, conduit au titre du domaine réservé la diplomatie française. Les critiques vinrent d'ailleurs beaucoup moins de François Mitterrand lui-même que de ses séides zélés, inutilement agressifs. Plus rusé, le président reprit habilement notre proposition sous une forme différente pour ne pas donner l'impression de s'y être rallié. J'aurais pu m'en réjouir si j'avais cru à la sincérité de l'annonce. Je la pris pour une manœuvre politicienne et la suite me donna raison.

L'enthousiasme de 5 000 jeunes au Zénith

À de rares exceptions près les médias nous ont été très favorables. Pourtant, cet élan devait être entretenu par de nouvelles initiatives. À ce titre, il était déterminant de prendre à témoin les Français et, parmi eux, de s'adresser aux jeunes plus spontanément sensibles à la générosité et volontiers enthousiastes dès lors qu'on les mobilise pour une grande cause.

Or, en est-il de plus noble que de soulager la faim et réduire la misère dans le monde ?

Non, ont répondu les 5 000 jeunes lycéens que j'avais invités au Zénith de Paris à une grande manifestation de soutien au début de l'année 1988. Animée par le talentueux Michel Drucker, elle réunit le témoignage d'une religieuse malgache dont le pays traversait une fois de plus les pires difficultés économiques et politiques ; celui du grand journaliste Jean Boissonnat rappelant que l'eau et l'école sont les principales conditions du développement, et à quel point les femmes tiennent un rôle primordial dans ce domaine ; celui de l'abbé Pierre, l'apôtre de la lutte contre la pauvreté, tantôt véhément imprécateur des riches, tantôt plein de douloureuse compassion pour ceux qui souffrent. « *La même phrase : "Maman j'ai faim"*, disait-il, *peut crier la joie de vivre ou la pire atrocité.* »

Au moment où je pris moi-même la parole pour conclure dans cet hémicycle plein de vie que la fin du jour assombrissait déjà, 5 000 lucioles se mirent à briller en flammes d'espérance sur toutes les travées. En cet instant, je compris que tous mes engagements passés ou à venir n'avaient eu ou n'auraient de sens que dans ce combat pour le droit de vivre des populations privées de pain. Car il n'y avait pas de rupture dans mon parcours entre le paysan, le syndicaliste et le politique, mais des convergences et des synergies à cultiver. Sans cesse d'être humble dans ma contribution à cette tâche, sans sous-estimer la montagne des obstacles qu'on nous opposerait, sans nier le procès d'utopie qui nous serait intenté, je savais d'expérience que c'est la volonté et la persévérance qui font, le plus souvent, la différence entre la réussite et l'échec ; l'enjeu planétaire du développement méritait beaucoup d'obstination. Il avait d'ailleurs été sublimé quelques décennies plus tôt par le général de Gaulle en ces termes : « *Rien n'importe davantage que d'organiser, par dessus les diverses politiques, la coopération de ceux qui ne manquent de rien pour aider ceux qui manquent de tout.* »

L'action de terrain pour appui

L'épreuve vint au printemps 1988 lors de l'échéance capitale de l'élection présidentielle française appelée à mettre fin à la cohabitation, à cette guerre larvée de deux ans entre l'Élysée et le gouvernement qui affaiblissait l'autorité de la France sur la scène internationale. Elle y mit fin certes, mais pas dans le sens que je souhaitais. Dès lors, animés d'un esprit de revanche aveugle, particulièrement déplacé quand il s'agit d'aider le Tiers-Monde à sortir de son appauvrissement, nos successeurs se sont ingéniés à dénigrer le Plan français ; à la stupéfaction de nos partenaires européens et du cortège de nations qui l'avaient accueilli favorablement, mais à la grande satisfaction des États-Unis. La suite était prévisible. À l'Uruguay Round s'effondrait la stratégie française fondée sur le refus du libre échange généralisé. Revint alors sur la table de négociation le projet américain rejeté deux ans auparavant à Punta del Este dont le commissaire européen s'efforça vainement de minimiser la portée. Sur cette base, un accord fut signé en 1994. Ironie du sort électoral, il le fut sous une nouvelle cohabitation par le Premier ministre Édouard Balladur qui ne put l'amender qu'à la marge.

De ces péripéties électorales nationales, le Tiers-Monde était le grand perdant. Un temps menacé, le *free market* agricole retrouvait vigueur. Paradoxalement, c'était à la faveur du retour au pouvoir d'une majorité socialiste en France. Je ne pouvais m'y résigner. Mais que faire ?

J'étais décidé à saisir toute occasion de relance politique et d'application ponctuelle. La première opportunité se présenta sous la forme d'une assistance technique à la production fromagère d'une coopérative laitière implantée à La Union, ville du sud du Chili. Diplômé de l'École de laiterie de Nancy[1], un étudiant chilien était à l'origine de

---

1. L'École de laiterie de Nancy est intégrée dans l'ENSAIA, qui forme des agronomes et des ingénieurs de l'agroalimentaire.

cette demande, transmise à Saint-Hubert[1]. Elle fut acceptée car elle correspondait parfaitement au transfert de savoir-faire qui est un volet du Plan. Un de nos ingénieurs fut envoyé là-bas pour créer l'atelier et organiser la production. Présidée par un descendant lointain de basques immigrés francophone, la coopérative était bien gérée ; ses cadres et employés, réceptifs à nos conseils, réussirent parfaitement la fabrication et la commercialisation du camembert et, plus tard, de quelques spécialités lorraines. Leur pays était en transition démocratique et connaissait un développement économique satisfaisant. Ce challenge n'était donc pas très risqué, mais son succès fut vécu comme un encouragement à en promouvoir d'autres et notamment ceux qui avaient valeur de démonstration de la pertinence du Plan, telle l'Opep du café et tous les concours réussis cités en exemples dans les chapitres précédents.

La politique en maître du jeu

Quelques mois plus tard, mon élection au Parlement européen me donnait l'avantage de sensibiliser un autre public : les 600 députés de cette institution. Appuyé par mon groupe politique à dominante française mais composé de plusieurs nationalités, je saisis toutes les occasions d'alerter mes collègues sur l'inquiétante paupérisation du Tiers-Monde. J'avais aussi obtenu la vice-présidence de l'Assemblée paritaire ACP-CEE[2] chargée de veiller à la bonne application des accords et conventions entre l'Afrique et l'Europe et de formuler des avis pour leur renouvellement. Au-delà, il ne nous était pas interdit de proposer des coopérations nouvelles et de

---

1. Saint-Hubert industrie laitière : société anonyme au capital autrefois détenu par des coopératives, présidée dans les années 1980 par l'auteur.

2. Assemblée paritaire composée pour moitié de représentants du Parlement européen et pour moitié de représentants des ACP. Elle a son siège à Bruxelles et fournit des avis et des propositions aux institutions européennes sur le type de relations économiques et politiques à promouvoir entre l'UE et les États membres du groupe ACP.

nouer des alliances avec la composante africaine de cette assemblée paritaire pour préparer les négociations commerciales internationales à venir. Je m'y suis attaché, en dépit des réserves de mes collègues anglo-saxons ; celles des anglais pour des raisons doctrinales ; celles des Allemands qui privilégiaient l'Ost-politik. Cependant, la dominante germanique de l'assemblée et l'influence qu'elle exerce sur la commission exécutive – seule à détenir le droit d'initiative, c'est-à-dire à proposer des lois européennes – rendaient aléatoire toute traduction d'intentions parlementaires en décisions. Et comme celles-ci requéraient en outre l'approbation du Conseil des ministres, ce double verrou et les procédures complexes de l'assemblée de Strasbourg décourageaient toute initiative de grande portée politique. C'est pourquoi, ayant plus tard à choisir entre rester au Parlement européen ou entrer à l'Assemblée nationale, j'optai pour Paris dans la ferme intention de m'intéresser à tout ce qui, de loin et de près, concernerait le Tiers-Monde en participant plus particulièrement aux travaux de la commission des Affaires étrangères et de la Délégation pour l'Union européenne.

Je n'avais pas oublié les critiques des sceptiques et des opposants au « nouvel ordre économique mondial ». J'estimais devoir y répondre, surtout lorsqu'elles étaient bien argumentées. Car elles nous obligeaient à approfondir notre projet et à intégrer les données en cours de la géo-économie qui, faute d'être prises en compte, pouvaient donner le sentiment que le Plan était en décalage avec la réalité ; qu'il n'était qu'une réponse de circonstance et ne saurait s'inscrire dans la durée. À cette fin, des années durant, nous avons réuni un groupe d'experts pour approfondir chacun des volets du Plan sous l'avantage des témoignages et des travaux de personnalités françaises et étrangères unanimement appréciées pour leur compétence et leur rigueur d'analyse.

Avec elles, les événements majeurs de la dernière décennie du XXe siècle ont été intégrés : l'effondrement de l'URSS, le retour à l'économie de marché des pays communistes, les flambées accidentelles des prix agricoles. Pendant ces années d'étude en figure imposée, la pauvreté a continué ses ravages dans le Tiers-Monde. Aux mêmes maux étaient apportés les mêmes remèdes. Les instances onusiennes, empêtrées dans leurs complexités administratives, leurs arbitrages politiques entre les différentes nations qui les financent et le jeu subtil du partage de la manne disponible entre les PVD, n'ont rien proposé d'autre que la reconduction des mêmes mesures d'intervention. Celles-ci avaient pourtant fait la preuve de leurs insuffisances, pour ne pas dire de leur inutilité ; elles continuent à le faire. En écho à la disette du Tiers-Monde ne répondit que la pauvreté des réflexions stratégiques capables de mettre un terme au sous-développement des deux tiers de la planète. C'est pourquoi ne nous leurrons pas : le salut ne viendra pas de l'avalanche des résolutions timorées de l'ONU mais d'une déclaration de rupture avec un système économique mondial appliqué uniformément à toutes les nations pour ne profiter qu'à quelques-unes. Ce sont justement celles-ci qui, détenant la puissance économique et militaire, en usent et en abusent. Elles devraient pourtant comprendre que le poids démographique étant ailleurs, l'avenir ne se dessine pas forcément en leur faveur.

J'ai tenté d'en persuader Jacques Chirac durant ses deux mandats présidentiels avant chaque réunion du G8 à laquelle il participait, lui faisant valoir qu'il appartenait à la France, pays des Droits de l'homme, d'y délivrer un message humaniste : celui du retour à l'égalité des chances entre les peuples. Car la France est encore le lieu où convergent les espérances des plus démunis et les appels des peuples opprimés.

Un impératif : prendre appui sur le G8

L'avantage du G8 tient à ce qu'il n'est pas une institution au sens organique du terme ; il est une tribune géopolitique qui a autorité pour réorienter la macroéconomie mondiale. Ses membres, les chefs d'États des huit pays les plus riches du monde, peuvent réunir, sous réserve d'une volonté commune, les forces économiques, diplomatiques et politiques capables d'imposer une vraie rupture avec les systèmes et les pratiques en place lorsqu'elles sont source d'appauvrissement et d'injustice. Pour la France, prendre la tête d'une croisade en faveur du Tiers-Monde et plus particulièrement du continent noir lié à son Histoire, et qui lui reste très attaché malgré les vicissitudes de la décolonisation, représente un magnifique challenge économiquement et politiquement gratifiant.

Ce n'était sans doute pas l'avis des sherpas du président qui préparaient à son profit les G8 et les Sommets franco-africains. Car à ces kermesses politiques étaient associés toujours les mêmes initiés ou prétendus tels – ceux que leur carrière antérieure dans les institutions internationales invitait à justifier leurs décisions d'alors plutôt que d'entrer dans toute autre logique –, ceux à qui leurs écrits narratifs et prophétiques ou tout simplement polémiques sur l'eau, le riz, le coton, l'émigration, etc. semblaient attribuer une compétence générale alors qu'elle n'était au mieux que parcellaire. Et comme, de surcroît, audace et rupture sont des concepts proscrits au plus haut niveau de la diplomatie française, il ne faut pas s'étonner du barrage opposé à toute proposition qui traiterait, dans une vue d'ensemble, de tous les paramètres du sous-développement ; à toute proposition qui s'écarterait trop des avis et de la prudence en usage au Quai d'Orsay. Ainsi conditionné par son entourage, Jacques Chirac n'a pas su s'en affranchir. Tout en continuant à afficher un grand attachement à sa personne, mais en comprenant que la France, cédant à la pression américaine, renonçait à défendre leur commerce privilégié avec les vingt-sept États membres de l'Union européenne et plus globalement à soutenir leur cause sur la scène internationale, les Africains se sont rapprochés des États-Unis et, plus grave encore, se laissent maintenant envahir par la Chine. Au-delà, ils ont réalisé que l'Europe s'étant étendue à l'Est et en Scandinavie, le glissement de son centre géographique et humain, de la Méditerranée vers la Baltique, annonçait un désintérêt qu'il fallait compenser par un renversement des alliances ou tout au moins par un réaménagement des influences. La banalisation des rapports Europe-Afrique et la résurgence des rancœurs postcoloniales, l'une expliquant l'autre et *vice-versa*, en sont le prix. Certes, rien n'est irréversible. Ce qu'un président n'a pas fait, un autre pourra le faire.

L'exception alimentaire comme préalable

L'économie agricole en première ligne

L'inventaire de toutes les tentatives engagées depuis un demi-siècle pour endiguer le sous-développement oblige à reconnaître leur échec. Face au défi de la pauvreté du Tiers-Monde, la communauté internationale s'est révélée incapable d'offrir autre chose qu'une doctrine : le libre-échange planétaire pour tous et des « soins palliatifs » pour atténuer les effets des crises sans s'attaquer durablement à leur cause. Rien ne permet actuellement de penser que cet attentisme ne se prolongera pas. Car les experts sont muets. Sous contrôle occidental, les institutions internationales, plus préoccupées du volume de leur budget que de son bon emploi, n'ont ni l'idée, ni l'envie, ni le pouvoir de remettre fondamentalement en cause un système d'organisation économique et commerciale qui accentue la fracture Nord-Sud au détriment de chacun des hémisphères. Pour le Sud, c'est évident. Dans l'autre sens, l'appauvrissement du Tiers-Monde prive le Nord d'un marché potentiel énorme sans lequel il n'échappera pas à un chômage conséquent. La fuite en avant de la consommation dans les pays industrialisés tente d'y remédier mais c'est au détriment de l'environnement : car c'est bien le renouvellement prématuré des équipements domestiques jugés obsolètes qui est la principale source du gaspillage et de la pollution. N'en doutons pas, la croissance économique du Nord est à rechercher dans la satisfaction de la demande à mieux vivre de l'hémisphère Sud. Ce qui suppose l'amélioration de son pouvoir d'achat. Celui-ci restera tributaire d'une redistribution de l'activité économique mondiale qui, pour être effective, doit être volontariste. Tel le joueur de billes qui, les ayant toutes gagnées, en rend une partie à son partenaire pour relancer le jeu, les nations riches ont le devoir de redonner du pouvoir d'achat au Sud essentiellement par le marché. Le mieux serait de rééquilibrer les termes de l'échange par trop défavorables au Tiers-Monde. C'était déjà l'esprit de la thèse de John Maynard Keynes qui avait proposé un système de compensation inter-pays entre exportations et importations selon lequel tout pays dont le solde du commerce extérieur se révélerait bénéficiaire serait tenu de réemployer ses devises à acheter des biens et des services à un ou plusieurs des pays déficitaires.

Néanmoins, même à l'appui de Keynes, il serait présomptueux de s'attaquer à l'uniformité du modèle de l'économie libérale en sa forme actuelle à laquelle, bon gré mal gré, toutes les nations adhèrent, y compris la Chine et même le Vietnam, dernier vestige de l'étatisme économique si l'on fait exception de la Corée du Nord, diplodocus totalitaire. Mais une fois le principe énoncé, il n'est pas interdit d'ajouter qu'il peut souffrir des exceptions. En effet, étendu sans réserve au commerce et à des activités sensibles, le modèle libéral peut s'avérer particulièrement destructeur. La concurrence a du bon lorsque les conditions de son exercice sont équitables. Par nature, celles-ci le sont moins en agriculture qu'ailleurs. Contrairement à l'industriel qui choisit son implantation en fonction des avantages qu'il recherche (site, main-d'œuvre disponible, infrastructures de communication, accès aux matières premières), l'agriculteur ne maîtrise pas les éléments physiques de son lieu d'installation (sol et climat). Or ceux-ci conditionnent son résultat et expliquent par exemple des écarts annuels de rendements en blé de 20 % entre les récoltes de l'Artois et celles du plateau lorrain sans que le savoir-faire des cultivateurs soit en cause ni le volume de leurs intrants. On peut délocaliser une usine, on ne déplace pas une terre.

Ce qui vaut à l'intérieur d'un pays se vérifie encore plus entre les différentes régions du monde. Qui plus est, la recherche par chaque

148

nation, d'une sécurité alimentaire la plus proche possible de l'autosuffisance s'accommode mal de l'ouverture complète des marchés, pénalisante pour les plus fragiles. Et comme l'agriculture qui constitue 80 % des ressources des PMA est leur principale monnaie d'échange, en toute logique et pour des raisons éminemment politiques, il convient de leur accorder le bénéfice d'une exception alimentaire en dérogation des règles du commerce international. Cette recommandation se fonde sur la réalisation de trois objectifs à leur profit :

- leur offrir un accès direct et préférentiel sur les marchés mondiaux ;
- les autoriser à se protéger de la concurrence extérieure par un cordon douanier efficace ;
- accroître leurs recettes d'exportation par le relèvement de leurs prix de vente.

Telle est la philosophie du nouvel ordre économique mondial prôné par le plan Guillaume.

La référence du plan Marshall

Pour l'Europe, ce chemin a été suivi dès l'après-guerre. Dans un continent dévasté, les usines étaient détruites, les agriculteurs démunis de moyens pour cultiver les champs, leurs attelages ayant été réquisitionnés par l'occupant au moment de sa débâcle. De nombreuses villes avaient été anéanties par les bombardements ou les combats précédant leur libération. À la veille de l'hiver 1944-1945, en France et au Benelux, les populations privées de tout étaient menacées de famine[1]. L'aide alimentaire massive des Américains a évité le pire sans toutefois empêcher le maintien des cartes de ravitaillement jusqu'en 1947. Après l'écrasement de l'Allemagne nazie, les États-Unis ont considéré qu'il était de leur intérêt particulier et de celui du monde libre en général d'aider l'Europe, Allemagne comprise, à se redresser. Leurs raisons étaient économiques : trans-

---

1. Par rapport à l'avant-guerre, la production avait chuté de 30 %.

former l'assistanat de première nécessité à l'Europe en partenariat économique avec elle (redistribuer les billes pour relancer la partie). Elles étaient aussi politiques dans la perspective d'une rivalité avec l'URSS, armée ou non : éviter que la gangrène communiste qui avait déjà atteint l'Italie ne s'étende à tout le continent. Le plan Marshall[1] décidé en 1947 visait ces deux objectifs. On lui doit le déclenchement du relèvement économique de l'Europe occidentale par la reconstruction et par l'intégration des vaincus, l'Allemagne et l'Italie, dans un ensemble Ouest européen qui portait en germe les premières déclinaisons de la Communauté économique européenne.

Car du dialogue entre les bénéficiaires de la manne américaine naquit l'idée d'une coopération économique des pays de l'Ouest européen qui valoriserait en commun les atouts des uns et des autres et activerait les flux commerciaux entre eux. L'Allemagne industrielle y trouvait son compte ; la France agricole, des débouchés à bon prix pour sa production, certaines denrées se révélant déjà excédentaires dès 1957. Le marché commun agricole est né de cette volonté de coopération. Il visait à la fois la libre circulation des marchandises en interne et une protection raisonnable vis-à-vis de l'extérieur grâce à un tarif douanier commun dont les recettes étaient appelées à se mutualiser. C'est à l'abri de cette protection que l'agriculture européenne s'est développée. Sans elle, la différence de compétitivité entre les céréaliers français et leurs collègues américains aurait été trop importante pour que les premiers puissent s'imposer sur leur propre marché.

---

1. Le plan Marshall se matérialisa par une aide économique sur quatre ans (1948-1951) accordée à 16 pays de l'Europe de l'Ouest. Cette aide a représenté annuellement 1 % du PIB américain et 2 % (en moyenne) de celui de pays bénéficiaires. Destinée à l'origine à s'étendre aussi aux pays de l'Est sous tutelle soviétique (et même à l'URSS), elle a été refusée par Moscou par peur d'une ingérence américaine croissante dans sa sphère d'influence. Le Kremlin a ensuite sommé ses satellites d'Europe centrale et orientale de se caler sur sa position.

Quinze ans plus tard, l'Europe était autosuffisante et devenait l'un des grands acteurs du commerce international des produits agricoles.

La spécificité de l'agriculture

L'économie agricole ne peut se satisfaire des règles commerciales communes aux autres activités marchandes car elle a des caractéristiques propres qui ne facilitent pas l'ajustement de l'offre à la demande solvable. L'offre varie en fonction d'aléas non maîtrisables (le climat, les cataclysmes). La demande est à la fois peu compressible (nécessité de se nourrir quotidiennement) et peu extensible (la barrière des estomacs). C'est toute la différence avec les biens industriels et les services dont la consommation ne cesse de s'accroître du besoin d'un plus grand confort de vie. On peut acheter plusieurs postes de télévision pour son appartement ; on ne mangera pas plusieurs beefsteaks au cours d'un même repas.

C'est pourquoi, dans un marché totalement libre, les fluctuations des prix agricoles peuvent être très importantes même si l'écart de volume entre la production et la consommation est relativement faible. Ces variations de prix, conséquence de l'imprévisibilité de l'offre et de l'inélasticité de la demande, s'amplifient du caractère périssable des produits et parfois de la spéculation. Cela signifie qu'un faible excédent de production peut entraîner une chute des prix de grande ampleur – jusqu'à ce paradoxe que connaissent particulièrement bien les maraîchers et les arboriculteurs : une abondance non maîtrisée est destructrice de revenu[1].

---

1. La loi de King – de Gregory King, haut fonctionnaire britannique et premier grand statisticien du monde moderne – en explique l'irrationnel.

Tentatives de régulation

C'est pourquoi la régulation de la production s'avère nécessaire. Elle peut se faire par le stockage, par la diversité des utilisations (biocarburants), voire par l'élimination physique dans le cas des fruits et légumes, ce qui peut apparaître choquant mais s'avère parfois nécessaire à défaut d'autre alternative. Le laisser-faire multiplierait les situations d'approvisionnement et de prix chaotiques telles que vécues sur le marché mondial des céréales en 2007-2008, quand les prix ont triplé en six mois pour revenir à leur point de départ dix-huit mois plus tard[1]. Avec des conséquences très graves pour les populations des PVD mais somme toute négligeables pour les consommateurs des pays riches. Affectées par le volume des récoltes, les réserves mondiales de blé – qui varient d'une année sur l'autre de quelques semaines de consommation à plusieurs mois – conditionnent évidemment le niveau des prix dont la bourse des matières premières amplifie encore les dents de scie… Ces signaux sont par la suite interprétés individuellement par les producteurs pour gérer leurs emblavements[2], ce qui accroît l'incertitude des prévisions pour les marchés à venir. En effet, si les agriculteurs de l'hémisphère Nord réorientent avec prudence leurs cultures parce qu'ils bénéficient d'une garantie de prix pour leurs produits, ceux des pays émergents du Sud, Brésil, Argentine, en prise directe avec le marché, sont par nécessité plus réactifs.

Pour réduire le risque d'une succession de pénuries et de surplus, un accord international sur le blé fut mis en place dès 1934. Complexe, il demeura inappliqué. Après la Seconde Guerre mondiale, une autre

---

1. Le prix du blé est passé de 100 euros la tonne en mai 2005 à 285 euros en janvier 2008 pour retomber à 135 euros en avril 2009. Sur la même période, le prix du colza, qui était à 220 euros la tonne est monté à 520 euros pour replonger à 290 euros au printemps 2009.
2. Superficies d'exploitation ensemencées en céréales et désormais, par extension, en plantes annuelles diverses.

tentative proposait des dispositions contraignantes. Elles ne furent jamais respectées[1]. Chacun se résigna alors à faire entièrement confiance au marché, promis à plus de transparence par la publication en continu des mercuriales et des courants d'échanges. Parallèlement, l'objectif de régulation fut abandonné sous l'engagement d'organiser une aide alimentaire aux PVD de 10 millions de tonnes de céréales dont la charge serait répartie entre les grands pays exportateurs.

De ce retour à la case départ, Kent Conrad, un sénateur américain du Nord Dakota, État très agricole, ne pouvait se satisfaire. Aussi proposa-t-il en 1990 la création d'un stock international de céréales destiné à réguler les apports sur le marché pour soutenir les cours des denrées. Son financement et sa gestion devaient être assurés en commun par les pays industrialisés, qu'ils soient vendeurs ou acheteurs. Avec pour règle la répartition entre eux du coût de cette réserve alimentaire rendue disponible en cas de pénurie ou destinée à éponger les surplus conjoncturels du marché. S'y ajoutait l'obligation, pour les nations surproductrices, de mettre en place des systèmes de limitation de production au-delà d'un certain seuil d'excédents. L'aide alimentaire aux PVD devait passer par ce canal dans des conditions d'affectation et de prix transparentes et équitables.

Cette suggestion d'une garantie d'approvisionnement stable des denrées de base à un prix raisonnable n'a pas résisté à l'offensive des Anglo-Saxons, hostiles par principe à tout encadrement du marché. En dépit de son intérêt, elle portait cependant en germe son inefficacité du fait de la présence égalitaire en son sein de représentants de pays aux intérêts diamétralement opposés : les exportateurs d'une part et les importateurs de l'autre.

---

1. En trois quarts de siècle, une dizaine d'accords internationaux pour réguler les cours ont été signés… mais non respectés. Celui du blé de 1949 était le plus interventionniste. Il préconisait une fourchette de prix, des engagements de vente et d'achat par campagne qui autorisaient une meilleure gestion du disponible, et des obligations de stockage à la charge des pays producteurs.

Les pays pétroliers créent un précédent

Tout en visant le même but, l'articulation du plan Guillaume sur le volet « soutien des prix agricoles » diffère du schéma de Kent Conrad en ce qu'il confie aux seules puissances exportatrices le soin de réguler l'approvisionnement et les prix par le marché. En référence à ce qu'ont fait les pays pétroliers en créant l'Opep, ce cartel des principaux détenteurs de l'or noir. Cinq pays en avaient pris l'initiative en 1960, considérant que les grandes compagnies pétrolières, toutes étrangères, s'enrichissaient à leur détriment en ne leur laissant que la portion congrue des bénéfices tirés de leur abondante matière première. Un demi-siècle après, ce cartel regroupe une douzaine d'États membres[1] sur trois continents, contrôle 40 % de la production mondiale et détient 78 % des réserves de la planète.

Pour relever les prix, ils utilisent une méthode simple : réduire l'extraction de pétrole. Sa mise en œuvre est cependant plus compliquée qu'il n'y paraît à cause de l'émergence de nouveaux producteurs restés hors du champ d'application de cette autodiscipline – en Afrique, en Amérique et en Russie – et du non-respect des quotas répartis entre tous les membres du cartel ; ce problème oblige ainsi l'Arabie Saoudite[2] à se substituer aux défaillants chaque fois qu'une réduction de production n'est pas respectée par l'un d'entre eux. Néanmoins, la revalorisation des prix sur quarante ans est conséquente puisqu'en monnaie courante, le baril est passé de 3 dollars en 1970 à 40 dollars fin 2008 – après un pic à 150 dollars.

Certes, comparaison n'est pas raison. Il est en effet techniquement plus facile de fermer sans dommage la vanne d'un puits qui maintiendra en réserve le pétrole dans son site naturel que de stocker dans des silos ou des frigos des produits agricoles périssables dont le paie-

---

1. L'OPEP : cartel de 13 États membres.
2. L'Arabie Saoudite produit 8 millions de barils par jour, soit 25 % de la production de l'OPEP.

154

Pays membres de l'organisation des pays exportateurs de pétrole (Opep) (décembre 2007)

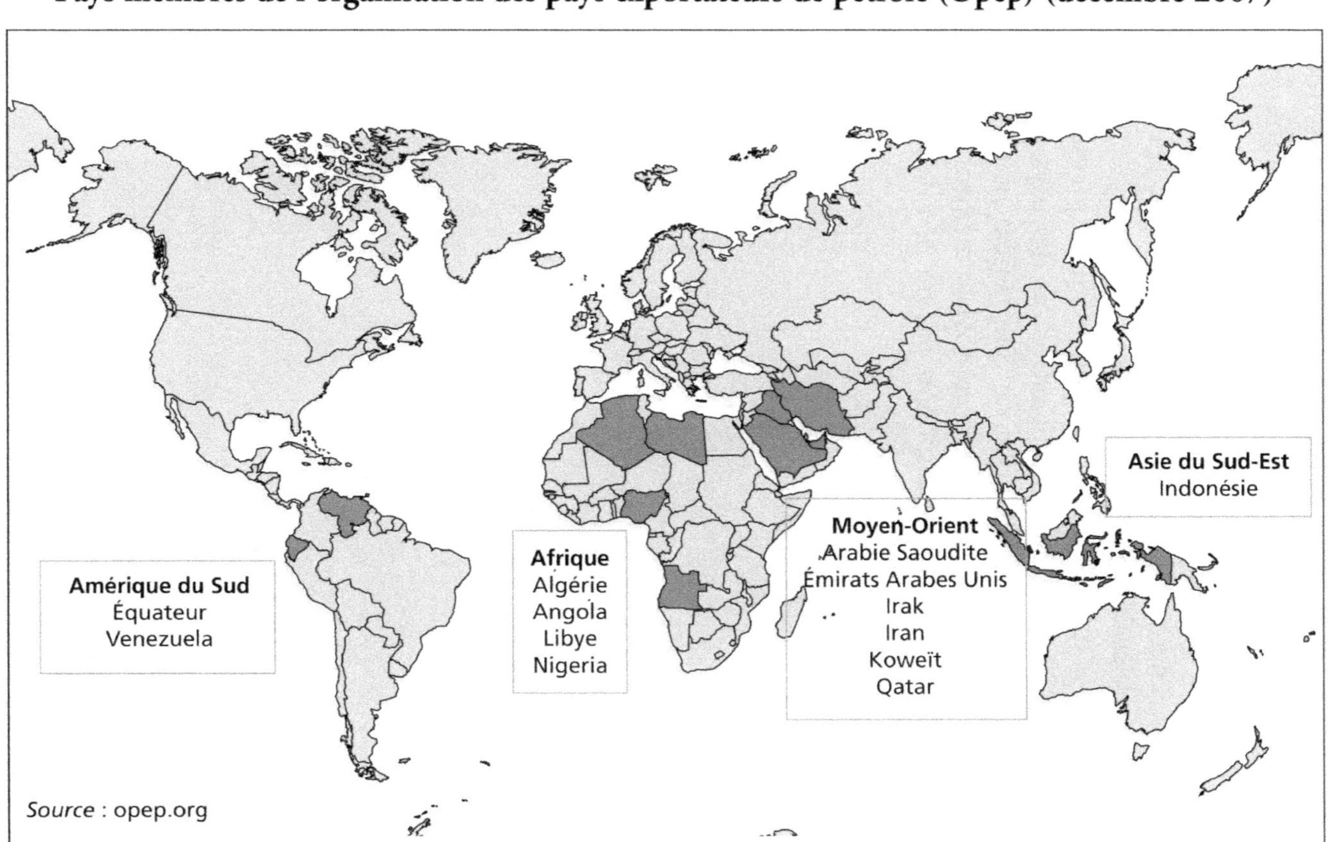

ment est attendu avec impatience par de petits paysans. Toutefois, quel que soit le produit de base commercialisé, le contrôle de l'offre est un avantage :

- chaque fois que son atomisation fragilise les vendeurs en permettant aux acheteurs de profiter outrageusement de la concurrence, ce qui est le cas des marchés agricoles ;
- chaque fois que le producteur de matières premières n'a pas d'emprise sur son aval, ce qui est le cas des pays pétroliers du Moyen-Orient et d'Amérique du Sud largement tributaires des pays industrialisés pour leur approvisionnement en produits pétroliers finis car ils ne disposent pas ou peu de raffineries sur leurs territoires.

L'« Opep » des produits agricoles

Changer l'existant : une affaire d'hommes

Malgré les différences, le système de défense des pays pétroliers est transposable à l'économie agricole. À grande échelle. Produit par produit. Le cas du blé, emblématique nourriture des humains, est considéré par les sceptiques hors du champ d'une régulation internationale efficace. À tort. Car, s'il est vrai que la production de froment (blé tendre) et de maïs est présente sous toutes les latitudes, ce qui diversifie d'autant les modalités de sa commercialisation, concentrée dans un continent, atomisée dans un autre, l'exportation de ces céréales est l'apanage de quelques grands pays producteurs. Ce sont les États-Unis, l'Europe, le Canada, l'Argentine et l'Australie. Régulièrement excédentaires, ils sont les acteurs permanents et concurrents du marché mondial, un marché de surplus, résiduel. En face de cet oligopole, une dispersion de pays acheteurs obligés est sa clientèle.

Pourtant, la concurrence entre les Cinq est féroce. Elle est souvent faussée par des subventions d'État qui relèguent au second plan la compétitivité comparée des producteurs. Dans l'hémisphère Nord, il n'est pas exceptionnel que le prix mondial du blé ne représente que 50 % du prix servi aux agriculteurs. Cette guerre commerciale est un jeu de poker auquel se livrent les traders internationaux des grandes sociétés (Dreyfus, Cargill) sécurisées par la garantie budgétaire des États exportateurs. Quand l'Égypte ou le Mexique en profitent, c'est un moindre mal, sauf si le prix pratiqué décourage leurs propres producteurs. Mais quand le Japon ou la Corée du Sud, et autrefois l'URSS, en tirent avantage en intégrant le coût ainsi allégé de leur alimentation dans le prix de revient de leurs produits manufacturés, ces subventions à l'exportation de l'Europe et des États-Unis contribuent alors à financer la puissance industrielle de leurs concurrents les plus dangereux.

L'intérêt bien compris des grands pays exportateurs serait donc de s'entendre pour organiser eux-mêmes le marché céréalier, ce que personne ne fera à leur place :

* en gérant en commun des pratiques auxquelles chacun d'entre eux a recours sur son marché intérieur : stockage, maîtrise de la production, contingentement des exportations ;
* en respectant un prix minimum de vente égal au prix de revient du partenaire le plus compétitif pour éviter toute production non économiquement fondée ;
* en finançant un *marketing board* : un organisme régulateur issu de leurs rangs mais qui aurait des comptes à rendre à une institution internationale sous contrôle de l'ONU ;
* en restituant sous forme d'aide alimentaire les économies budgétaires réalisées au titre de la réduction de leurs subventions agricoles.

C'est possible. Ce que chacun fait chez soi, il peut le faire avec les autres. Et il n'est pas interdit d'espérer un changement d'état d'esprit des membres du G8 à la lumière de la crise économique qui sévit depuis 2008 et grâce à l'arrivée à la tête des États-Unis de Barack Obama, un démocrate qui semble décidé à rompre avec le conservatisme ambiant et que son origine africaine peut sensibiliser à la cause du Tiers-Monde.

Les produits tropicaux livrés à la spéculation

Mais parer au plus pressé invite à s'intéresser prioritairement à l'organisation des marchés des matières premières tropicales qui constituent pour beaucoup de PVD leur principale recette d'exportation. Ces productions étant limitées aux régions équatoriales de trois continents, la maîtrise des volumes devrait en principe être mieux assurée que celle des cultures de céréales qui ont la caractéristique d'être pratiquées sous toutes les latitudes. Pourtant, il n'en est rien. Les cours du café et du cacao fixés par les bourses de commerce de Londres et de New York connaissent d'une année à l'autre des variations de grande amplitude ; les producteurs en subissent de plein fouet les dramatiques conséquences. Le café, seconde marchandise échangée dans le monde après le pétrole, est l'exemple type d'un marché dominé par les principaux importateurs : les États-Unis, l'Europe et le Japon (au total 93 % des achats) face à une vingtaine de pays significativement exportateurs.

Pourtant l'Organisation internationale du café (OIC) n'est pas nouvelle. Au début des années 1960, elle avait même réussi une première régulation du marché en répartissant des quotas de livraison ; les producteurs s'y étaient pliés au souvenir des crises d'avant-guerre au cours desquelles, au Brésil, le café servait de combustible aux locomotives à vapeur parce qu'il était invendable. En revanche, les États-Unis étaient formellement opposés à toute organisation. Or, dans les années 1970, comme les cours avaient fortement augmenté, accréditant la thèse que le monde était entré dans une ère de prix définitivement élevés des matières premières, les acteurs de la filière s'étaient alors uniquement préoccupés qui de planter (les producteurs) et qui d'engranger les bénéfices (les torréfacteurs). L'accord fut donc mis en sommeil. Le réveil fut rude. Au début des années 1980, l'abondance de la production et le manque de souplesse de son ajustement – le caféier étant un arbuste qui ne donne sa première récolte qu'au bout de quatre ans de plantation – ont entraîné une chute catastrophique des cours (– 70 % au cours de la décennie). Les moins compétitifs – la Côte d'Ivoire, le Cameroun, le Kenya – ont réduit leurs superficies au profit de quelques « majors »[1] – le Brésil, le Vietnam, la

---

1. Le Brésil produit 35 % du café mondial, le Vietnam 12 %, la Colombie 10 %, l'Indonésie 7 % et l'Éthiopie 4 %.

Colombie, l'Indochine et l'Éthiopie[1] – qui avaient profité de la période faste pour moderniser leurs plantations et s'orienter vers l'Arabica, plus apprécié des consommateurs que le Robusta.

Le leurre des accords internationaux

Les accords internationaux conclus en 1994 n'ont rien changé. Ils ne prévoyaient aucune intervention directe sur le marché. Ils se résumaient à assurer la transparence des transactions par la publication d'informations statistiques sur les volumes produits et commercialisés. Ces dernières ont relevé que le prix du café était tombé de 2,50 euros le kilo en 1980 à 1 euros en 2008 après un plafond à 4 euros en 1995. Par d'autres sources, on apprend qu'il se vend 12 000 tasses de café à la seconde dans le monde et que, sur celles-ci, payées 1,50 euros en Europe, le caféiculteur ne reçoit que 0,02 euros !

Le cacao suit à peu près le même cheminement et subit les mêmes revers. Pour les mêmes raisons : la confrontation entre pays producteurs et pays consommateurs est un dialogue de sourds. Aussi les accords internationaux conclus recèlent les mêmes insuffisances. Ce sont des coquilles vides, un recueil de dispositions administratives auquel les Américains n'adhèrent toujours pas. Près des trois quarts de la production mondiale proviennent de l'Afrique de l'Ouest et majoritairement de la Côte d'Ivoire[2]. Les fèves ne sont pas transformées sur place mais dans les pays industriels et pour l'essentiel par cinq multinationales. Les plus gros consommateurs sont les Européens (pour 60 %) et les Américains (20 %). Le yo-yo des prix du cacao n'a rien à envier à celui du café : 0,50 dollars le kilo en 1970 ; une pointe de 3,50 dollars au cours de la décennie 1980 et, depuis,

---

1. Le café rapporte à l'Éthiopie 60 % de ses recettes d'exportation.
2. L'essentiel de la production mondiale de cacao se répartit comme suit : 40 % en Côte d'Ivoire, 10 % au Ghana, 14 % en Indonésie et 12 % au Nigeria.

maintien dans une fourchette de 1,20 à 1,50 dollars. Il existait pourtant un stock régulateur à la charge de chacun des signataires du premier accord de 1970. Il a représenté jusqu'à 20 % d'une récolte. Mais, contourné par des circuits parallèles qui échappaient à la discipline commune, il fut liquidé en 1994 et remplacé par un plan de gestion plus incitatif que coercitif.

Bruxelles cède au lobbying des multinationales

Au même moment, dans le but d'harmoniser les législations des États membres de l'Europe sur les procédés de fabrication du chocolat, les industriels de l'agroalimentaire réclamaient l'autorisation d'introduire 5 % de matières grasses végétales dans le produit fini selon des normes déjà en vigueur en Grande-Bretagne, au Danemark et en Irlande. Non sans conséquence évidemment sur les volumes de fèves travaillées si l'huile de palme se substituait au beurre de cacao. *« Mais pourquoi ne pas procéder à un alignement inverse de la réglementation en la fondant sur les pratiques, majoritaires en Europe, de respect de la pureté du produit ou bien, faute de mieux, priver de l'appellation "chocolat" ces produits de composition différente ? »*, avais-je plaidé tant au Parlement européen qu'à l'Assemblée nationale ? Ce fut sans succès, bien que le risque de la diminution de la demande et de la baisse de la qualité ait été abondamment relayé par les producteurs africains soucieux de préserver les quantités à vendre et par les professionnels européens de la confiserie, attachés à l'excellence. Cette contreproposition n'a donc pas été prise en considération par Bruxelles conditionné par le lobbying des grands industriels : Lindt, Mars, Nestlé… Et que dire de la France, très mal inspirée en laissant subsister des taux de TVA différents entre les produits communs industriels (5,5 %) et les confections artisanales (19,6 %) ? Un alignement sur le niveau le plus faible aurait sans doute accru la consommation. Mais l'Afrique eut hélas peu d'avocats…

Dans l'épreuve, l'idée fait son chemin

Le Sud réagit

Afin de mieux apprécier les conséquences désastreuses de l'effondrement durable des cours des matières premières tropicales, il est intéressant d'en faire une analyse claire en prenant pour exemple la Côte d'Ivoire, qui tire de ses exportations de cacao et de café ses principales ressources en devises.

Pendant les deux premières décennies de son indépendance, profitant d'une conjoncture de prix favorables, ce pays s'était distingué par des performances économiques remarquables. Politiquement stable, sous l'autorité de son président Félix Houphouët-Boigny, il avait bénéficié d'une croissance économique soutenue (7 % par an). Le renversement de cette embellie des cours des années 1980 avait profondément affecté les recettes de son commerce extérieur et conjointement diminué les taxes à l'export qui alimentaient son budget[1]. Le déficit des finances publiques, privées de ces ressources, avait gonflé la dette qui doubla pendant cette période pour atteindre plus de 100 % du PIB. Et le service de la dette, c'est-à-dire le remboursement du capital et le paiement des intérêts des emprunts, s'était élevé brutalement de 25 à 60 % des recettes d'exportation.

C'est en pleine crise des produits tropicaux que j'avais rencontré le président Houphouët-Boigny en sa capitale, Yamoussoukro, au cours de mes périples sur les continents africains, américains et asiatiques, destinés à convaincre mes interlocuteurs de l'intérêt d'un Nouvel ordre agricole mondial, avec les encouragements du Premier ministre de l'époque, Jacques Chirac.

---

1. Pour la Côte d'Ivoire, les taxes sur le cacao et le café ne représentaient en 1990 que 0,06 % des ressources du budget ivoirien. Grâce au relèvement des cours, elles en couvraient 35 % en 1994.

162

Le président Houphouët-Boigny ne décolérait pas. Son rêve ivoirien s'évanouissait pour une double raison :

* d'une part, la chute des prix amputait ses recettes tirées des cultures de rente (cacao, café) ;
* d'autre part, sa dette exprimée en dollars accompagnait à la hausse la réévaluation du billet vert. Quelques émeutes dans les grandes villes, annonciatrices de la déstabilisation qui suivit son décès en 1993, l'inquiétaient au plus haut point. « *N'est-il pas injuste,* me disait-il, *qu'en dépit du respect des échéances de remboursement de mes emprunts — et ceci malgré l'effondrement du produit de nos ventes de matières premières —, ma dette ne diminue pas ? Pourquoi ? Parce qu'elle suit l'ascension du dollar !* ».

Ma proposition d'Opep des produits agricoles ne pouvait que l'intéresser. Il allait en faire bon usage, conscient que la communauté internationale ne lui serait d'aucun secours. Pourtant sa première tentative ne fut pas la bonne.

La Côte d'Ivoire s'insurge

Animateur d'une décolonisation réussie, politicien habile, dictateur débonnaire, plusieurs fois ministre d'État en France et, au vu de cette expérience, estimant qu'il fallait doser sur le continent noir la progression démocratique pour éviter les travers qu'il avait connus aux postes de commande de l'ex-métropole, Félix Houphouët-Boigny, vieux sage de l'Afrique, était aussi un planteur qui possédait et exploitait de grands domaines. Il ne se résignait pas à la récession et à l'appauvrissement de ses paysans. Les ressources de la caisse de stabilisation des prix alimentées par l'Europe[1] ne suffisant pas à compenser les pertes de prix, il endetta lourdement son pays en décidant que les récoltes seraient achetées aux planteurs au double du prix pratiqué sur le marché. Un an après, les cours mondiaux se maintenant

---

1. Les accords de Lomé fixaient le montant maximal de contribution de l'Union européenne à la caisse de compensation : le Stabex.

toujours au plus bas : subventionner les producteurs s'avérait ruineux ; à tel point qu'Houphouët-Boigny décida unilatéralement de suspendre le remboursement de la dette ivoirienne. Ma proposition tombait donc à point nommé. C'est pourquoi Abidjan, avec qui Paris entretenait des relations exemplaires et confiantes, fut la destination toute trouvée pour le lancement de ma campagne internationale de sensibilisation à un nouvel ordre économique mondial. Le pays donnait encore l'apparence d'être prospère mais Félix Houphouët-Boigny ne s'y trompait pas : si la crise des matières premières se prolongeait, l'étranglement financier s'avérerait durable. C'est donc un président attentif et intéressé par notre proposition dont l'avait informé mon collègue le ministre de l'Agriculture ivoirien, Denis Bra Kanon, qui m'accueillit à Abidjan.

L'organisation du marché du cacao en souffrance

Au cours de l'entretien, j'ai compris que le président ivoirien avait déjà son idée en tête pour reprendre à son profit le concept de l'Opep des produits agricoles destiné à rééquilibrer le pouvoir économique entre les pays producteurs et le grand négoce. Faute d'accord international sur le cacao et le café, il estimait nécessaire de rassembler l'offre mondiale en une seule main, produit par produit, pour réguler les apports sur le marché, sans cependant générer une pénurie qui pourrait favoriser l'émergence de nouveaux producteurs. Le cacao fut choisi pour une première application du système parce que la Côte d'Ivoire était, loin devant le Ghana, le premier acteur d'une production mondiale de fèves essentiellement concentrée dans les pays de l'Ouest subsaharien. Les convaincre se révélait donc plus facile. Et pourtant ce ne fut pas le cas : le Ghana justement s'y refusa, entraînant derrière lui la plupart des nations concernées, à l'instigation des Anglo-Saxons. Prenant acte de ce désaccord et jugeant que, pour faire céder le grand commerce, seul un embargo serait efficace, le président ivoirien décréta le gel des exportations de son pays, certain que l'importance des volumes ainsi retirés du marché conduirait au relèvement des cours et que cette manœuvre aurait valeur d'exemple pour ses voisins réticents. Mais les opérateurs restèrent de marbre face à cet embargo. Les stocks s'accumulaient. Le soutien de la France faisait défaut, un gouvernement de gauche peu enclin à soutenir le gaullien Houphouët-Boigny avait pris place après la victoire de François Mitterrand aux présidentielles de 1988. Difficile et coûteux à stocker, le cacao ivoirien, le meilleur de tous et le plus recherché, commençait à moisir dans les silos. Le président ivoirien dut alors se résigner à tout liquider – à perte évidemment – à Sucre et Denrées, acteur majeur du commerce international des matières premières.

Avec le café, l'« Opep » des produits agricoles prend un bon départ

Déçu mais non découragé par cet échec, le président Houphouët-Boigny s'est alors consacré à la constitution d'un groupement international de producteurs de café afin de contester le pouvoir économique écrasant des pays consommateurs (États-Unis, Europe). Pour engager un tel bras de fer sur les matières premières, le choix du café était un pari plus audacieux que le précédent puisque la production mondiale se répartit sur trois continents (contre un seul pour le cacao) et que le Brésil en détient un bon tiers à lui tout seul. Ce choix ne manquait cependant pas d'opportunités. Avec le marasme des prix, les producteurs prenaient conscience de leur faiblesse, née de leur division. La grande variation d'une année sur l'autre des volumes de production pour raison climatique (l'écart peut atteindre 25 %) contribuait pour beaucoup à la déstabilisation des marchés, tantôt déficitaires, tantôt excédentaires. Une régulation des apports par la mise en œuvre d'opérations de stockage et de déstockage pouvait limiter une spéculation récurrente qui ne profitait qu'aux intermédiaires.

Une autre fragilité constituait un incontournable handicap pour tout ajustement de l'offre à la demande : le caféier est une culture pérenne qui ne produit que quatre ans après plantation. Un investissement minimal de ce type ne peut être entrepris sans être couvert dans la durée par une garantie de prix. Les propriétaires des plantations nouvelles et mécanisées du Brésil en avaient encore plus besoin que les millions de petits producteurs traditionnels d'Afrique. Faute d'obtenir cette garantie d'organismes publics *ad hoc*, nationaux ou internationaux et en dépit de leur opposition de principe à tout système contraignant, ils saisirent la perche tendue du cartel proposé par la Côte d'Ivoire. Sa constitution fut confiée à son ministre des Matières premières, Alain Gauze, qui parvint à convaincre une trentaine de pays représentant 70 % des tonnages commercialisés d'y adhérer et qui acceptèrent de participer à un plan de rétention à hauteur de 20 % de la production exportable. Un comité de gestion en contrôlait l'exécution et pilotait la libération des volumes nécessaires à l'approvisionnement équilibré du marché selon un schéma préétabli et d'application automatique préservant les intérêts de chacun dans ceux de l'ensemble. À la seule annonce de cette planification de l'offre, les prix se redressèrent. En un an, ils furent multipliés par quatre. Les deux récoltes qui suivirent furent, par bonheur pour le système mis en place, déficitaires. Elles avaient été compromises par de fortes gelées au Brésil, ce qui permit au comité de gestion de liquider les stocks de la campagne 1993 et de créer un rapport de forces favorable avec les acheteurs. Au bout de quelques années, phénomène bien connu, le relèvement des prix du marché favorisa l'apparition de nouveaux caféiculteurs qui refusèrent obstinément d'adhérer au groupement de producteurs. Pourtant, il était démontré par les faits que tout assouplissement de la discipline provoquait une chute des cours (1996) et que, à l'inverse, une nouvelle rigueur (1997) permettait de retrouver des prix convenables.

Un sabotage organisé

La mise en culture de nouvelles zones entre les tropiques du Cancer et du Capricorne, non soumises à la discipline librement acceptée des membres du club café allait porter un coup fatal à la régulation de l'offre. À l'instigation des États-Unis qui voulaient renouer avec le

Vietnam, la Banque mondiale et le FMI (qu'ils contrôlent) financè-
rent là-bas des plantations de Robusta à tel point qu'en l'espace de dix
ans, ce pays devint le deuxième producteur mondial (12 %) derrière
le Brésil. Et pour arracher une part de marché significative, il pratiqua
le *dumping* des prix de vente, provoquant *de facto* la régression de la
production africaine[1]. Plus généralement, du fait de l'alternance de
périodes courtes de prix élevés et de périodes plus longues de prix bas,
les paysans se mirent à produire plus, soit pour profiter de l'embellie
des cours, soit pour compenser par la quantité leur insuffisance, ce qui
vint alourdir les stocks et compliquer leur gestion. Les ventes contrô-
lées en furent affectées à la baisse. Profitant de cette situation, des traders internationaux court-circuitèrent la filière officielle en montant
des réseaux parallèles pour échapper au mécanisme régulateur. Les
caisses de stabilisation chargées de compenser les recettes d'exportation autorisant des ristournes aux producteurs furent vite asséchées et
le Stabex[2] chargé de les alimenter ne put y faire face.

Devant tant d'obstacles accumulés, l'association des producteurs jeta
l'éponge en 2001 et, en conséquence, le cours du café retomba à la
moitié de sa valeur constatée vingt ans auparavant pour l'Arabica et
au quart pour le Robusta[3].

---

1. L'Amérique latine représente 63 % de la production de café, l'Asie 25 % et l'Afrique seulement 10 %.
2. Les exportations concernées par la compensation Stabex étaient uniquement celles
à destination de l'Union européenne. La ligne budgétaire européenne, fixée pour y
pourvoir, était plafonnée. La mise en œuvre des aides était généralement tardive et
servie sous condition : situation politique du pays, respect des droits de l'Homme,
qualité de sa justice, etc. Elle était versée à l'État concerné qui pouvait l'utiliser à
des projets d'investissements agréés par l'Union européenne, voire à des importations de biens d'équipements. Au total, elles ne parvenaient pas à compenser
l'insuffisance des recettes de production, contrairement à ce que sa dénomination
pouvait faire espérer. La Convention de Cotonou a mis fin au Stabex.
3. Le Robusta est produit dans les zones de plaine d'Afrique et d'Asie, tandis que
l'Arabica est cultivé sur les hauts plateaux d'Amérique latine et d'Éthiopie. Les prix
de l'Arabica sont plus élevés.

L'accord sur le caoutchouc naturel résiste

Un autre accord en place résista plus longtemps : ce fut celui du caoutchouc naturel qui fonctionnait sur la base de stocks internationaux de régulation[1]. Il bénéficiait d'un contexte favorable pour des raisons physiques et commerciales :

- physiques parce que la composition de la gomme la plus utilisée comprend obligatoirement autant de caoutchouc naturel que de synthétique, ce qui sécurise le débouché du latex et renforce le pouvoir économique des producteurs ;
- commerciales parce que la consommation de caoutchouc a doublé au cours des vingt dernières années, ce qui permet aux fournisseurs de négocier dans de meilleures conditions.

Le nombre restreint des acteurs de la filière favorisait aussi la conclusion de bons accords et leur respect. En effet, la Thaïlande, l'Indonésie et la Malaisie fournissent 70 % du caoutchouc naturel mondial, les acheteurs étant pour moitié concentrés aux États-Unis, en Europe, en Chine et au Japon, sièges des majors de l'industrie automobile. Chacune des parties avait donc intérêt à une stabilité des prix. Dans cet objectif, il fut décidé la mise en place d'un stock régulateur de 9 % de la production totale, financé conjointement par les producteurs et leurs clients aux fins d'ajuster l'offre à la demande. Les réticences des pays clés (la Malaisie) à remplir leurs obligations et la part croissante sur le marché de circuits parallèles échappant à celles-ci ont mis fin au système. Les cours ont alors chuté et cette déprime va probablement s'accentuer avec la crise de l'automobile. C'est ainsi que prit fin le seul accord international par produit doté de réelles clauses économiques.

---

1. La production mondiale de caoutchouc naturel s'établit à 6,5 millions de tonnes. L'accord prévoyait un stock régulateur de 400 000 tonnes et un stock d'urgence de 150 000 tonnes.

168

L'affrontement Nord-Sud sur le coton

Le coton est au cœur du conflit qui oppose les PVD et les États-Unis[1], accusés de subventionner outrageusement leurs producteurs et de s'imposer sur le marché mondial au détriment de l'Afrique, victime de cette concurrence déloyale.

Suite à une plainte des PVD déposée à l'OMC, Washington a fait un geste mais sans toucher à l'essentiel : le dispositif de garantie de prix accordée à ses *farmers* sous la forme d'un soutien budgétaire. Il est en place depuis vingt ans et s'est étendu progressivement à d'autres productions (riz, oléagineux, céréales). Son mécanisme permet à tout agriculteur de souscrire un prêt à hauteur de la valeur de sa récolte sur la base d'un prix officiel de soutien et de le rembourser au prix du marché de la denrée. Si celui-ci est inférieur au prix de soutien, le budget américain supporte la différence. S'il lui est supérieur, l'avantage est conservé par le fermier qui vend sa marchandise et rembourse intégralement son prêt. Grâce à ce paiement différentiel *(deficiency payment)*, le prix du coton payé aux producteurs américains en 2001-2002 fut deux fois plus élevé que le cours mondial dont devaient se contenter leurs concurrents des PVD. Cet indéfectible soutien, chiffré à 4 milliards de dollars par an au profit des seuls 25 000 planteurs de la *cotton belt*, cette vaste zone géographique américaine qui produit « l'or blanc », leur permet de dominer le marché mondial bien que leur prix de revient soit 3,5 fois plus élevé qu'il ne l'est en Afrique.

---

1. L'essentiel du commerce du coton (20 millions de tonnes) se fait entre quatre opérateurs principaux : deux exportateurs (les États-Unis et la CEI, pour un million de tonne chacun) et deux importateurs (la Chine et l'Union européenne). Le prix du coton a été divisé par deux entre 1997 et 2001 puis les cours se sont redressés en 2007 comme ceux de toutes les matières premières pour rechuter fin 2008.

Un compromis est possible

On peut s'en indigner, car cela n'aura cependant que peu d'effet. Par intérêt économique certes, mais aussi pour des raisons politiques et culturelles liées à l'histoire de son Sud profond au passé farouchement esclavagiste de ses pionniers, des premières plantations des colons au XVIIe siècle et du folklore qui y est attaché, Washington n'abandonnera pas ses planteurs. Ne pas tenir compte de ce postulat disqualifierait toute politique qui prétendrait l'ignorer. C'est donc avec les Américains que les Africains devront s'entendre pour gérer en commun le marché, en usant des moyens classiques pour le faire – maîtrise et répartition de la production, régulation de l'offre, stimulation de la demande – afin d'aboutir à un relèvement du prix mondial proche du coût de production américain. En dépit de la méfiance à l'égard de tout système s'éloignant de leur idéal libéral, les États-Unis, par pragmatisme – et sous l'avantage d'une grosse économie budgétaire –, pourraient se laisser tenter par une organisation du marché capable de rapprocher leurs prix de ceux des Africains ou l'inverse. Ce qui ne dispenserait pas ceux-ci de faire un effort de qualité (un coton aux fibres plus longues) et de productivité en cultivant des cotons OGM[1], ce à quoi ils se refusent encore majoritairement à l'instigation de certaines ONG, alors que déjà le tiers du coton mondial est transgénique.

Pour toute l'Afrique subsaharienne, l'or blanc est une chance à saisir. Le Mali, le Bénin, le Burkina Faso l'ont compris. Dans une première

---

1. Selon un rapport de l'Assemblée nationale française, les deux tiers du coton de l'Inde serait OGM. La Chine affirmerait que, par comparaison avec la culture traditionnelle, la production OGM permet de diminuer les coûts des intrants de 19 % (dont les produits phytosanitaires de 67 %) bien que les semences OGM soient deux fois plus chères que les conventionnelles. En outre, la FAO aurait déclaré que « *les petits agriculteurs sont autant, voire plus, susceptibles de tirer avantage du coton BT (OGM) que les grands exploitants* ». Le Burkina Faso, au départ réservé, a annoncé son intention de planter 120 000 hectares de coton OGM lors de la campagne 2009-2010.

étape, afin de contraindre les États-Unis à tempérer leur domination, il est indispensable de regrouper l'offre pour mieux vendre.

Le cadre commercial qu'autoriserait l'existence de marchés communs tels que ceux proposés par le plan Guillaume apparaît comme étant le plus approprié pour accroître le pouvoir de négociation des cotonculteurs. Cette démarche doit être initiée et conduite par les États producteurs. L'Union européenne serait bien inspirée de les y aider. Leur organisation commune aurait avantage à s'appuyer sur un *marketing board*[1] cotonnier chargé de commercialiser l'ensemble de la production de la zone africaine dans des conditions à l'évidence plus favorables que la parcellisation actuelle des ventes, en se substituant aux traders en place à qui profite l'actuelle anarchie.

Un même risque, des traitements différents

La garantie au Nord, le sans-filet au Sud

Tous les produits tropicaux sont à la même enseigne. Qu'ils soient concurrencés par les denrées similaires des zones septentrionales – les huiles de palme ou d'arachide le sont par celles tirées du colza et du tournesol, le sucre de canne l'est par celui de la betterave cultivée en Europe – ou qu'ils ne le soient pas – le cacao ou le café n'ont pas de substitut –, ils sont tous soumis à l'insécurité du marché. Or, dans le monde, les différences de situation des agriculteurs sont flagrantes. Au Nord, les revenus sont garantis alors que les agriculteurs du Sud travaillent sans filet ; on leur conteste même le droit d'user des recettes qu'utilisent avec succès les pays industrialisés pour protéger leurs agricultures.

---

1. Le *marketing board* ou office agricole par produit est un organisme public qui arbitre les relations commerciales entre la production et la transformation, soutient les prix agricoles et gère les exportations dont il a le monopole. Ce cartel public bénéficie de subventions pour répondre aux appels d'offres internationaux quand les prix intérieurs sont supérieurs aux prix mondiaux.

Tous les experts admettent que l'économie agricole a des caractéristiques propres qui obligent à adapter les règles du marché et justifient l'intervention des États :

* afin de rééquilibrer les pouvoirs de négociation entre les acteurs de la filière : producteurs, transformateurs, commerçants et traders internationaux ;
* afin de compenser l'insuffisance du revenu paysan si nécessaire.

Ils sont moins nombreux à reconnaître le droit à la puissance publique de gérer le commerce international. Or, c'est paradoxalement dans les pays les plus foncièrement libéraux que l'État s'y implique le mieux : au Canada, en Nouvelle-Zélande, en Australie, les *marketing boards* ou « bureaux de commerce » ont cette mission.

Le positionnement de leurs acteurs économiques est d'ailleurs assez étonnant. Autant ils professent et pratiquent une concurrence sans limite sur leur marché intérieur, autant ils s'en remettent à l'autorité de l'État et sous sa protection dès qu'il s'agit d'exportation. Les *marketing boards* à leur service sont d'invention anglaise, ce qui peut surprendre de la part d'un pays de tout temps favorable au libre commerce. Leur mécanisme est simple : regrouper l'offre de chacune des grandes productions afin de négocier les ventes dans de meilleures conditions. Ce moyen classique de défense des producteurs agricoles est, à quelques modalités près, utilisé dans tous les pays industrialisés. Il n'est pas contestable. Car face aux oligopoles de l'agroalimentaire, une offre éclatée en ces milliers de petits ateliers de production représentant autant de centres de décision autonome que sont les fermes paysannes, subirait la loi des acheteurs. En revanche, les *marketing boards* placés sous l'autorité de l'État, en disposant à titre exclusif du solde exportable national des denrées agricoles, bénéficient d'un véritable monopole des ventes à l'étranger. Car nul ne peut se soustraire au passage obligé de ses livraisons à cet office public géré par l'Administration entourée d'un conseil des professionnels de la filière. Cette force de vente est incontournable et redoutable pour les clients d'un pays qui détient une part significa-

172

tive d'un marché international tel le Canada cumulant 40 % des ventes de blé dur dans le monde.

Elle l'est moins quand les volumes offerts sont peu représentatifs. C'est dans ce cas de figure que commencent les entorses au libre-échange et que, parallèlement, s'accroît la discrétion des intéressés sur leurs pratiques occultes d'appui au commerce extérieur. Sous la forme d'une prise en charge de la promotion du produit, de son conditionnement, de son stockage, de son transport, le financement étant assuré par plusieurs lignes budgétaires pour en compliquer l'identification et la contestation. Il est d'ailleurs surprenant que, régulièrement accusés par l'Australie, le Canada ou la Nouvelle-Zélande de subventionner leurs exportations, les États-Unis et l'Europe ne répliquent pas en dénonçant cette sorte de commerce d'État auquel se livrent les *boards* en toute impunité.

À chacun son système de protection agricole

Observer le paysage commercial agricole de la planète est révélateur du degré d'hypocrisie de ses acteurs dominants toujours prompts à réclamer de leurs concurrents l'arrêt de pratiques dont ils sont eux-mêmes coutumiers. Car la compétitivité ne relève plus de la confrontation des prix de revient mais elle se fonde sur le montant de l'aide budgétaire accordée aux volumes exportés. Si les formes en sont diverses, l'objectif est le même : conserver ou élargir ses parts de marché au détriment des concurrents. À chacun sa méthode :

* avec leur *deficiency payment,* les États-Unis compensent par une subvention l'écart qui sépare le prix mondial de celui garanti à leurs agriculteurs ;
* l'Europe délivre à ses exportateurs des restitutions[1] pour faire la même chose ;

---

1. Les restitutions sont des subventions européennes à l'exportation permettant de compenser la différence entre le prix intérieur d'une denrée agricole et le prix mondial lorsque celui-ci est inférieur.

- d'autres pays industrialisés pratiquent le commerce d'État bien qu'ils s'en défendent, en confiant aux *boards*, ces offices publics qu'ils contrôlent et financent, le monopole des ventes agricoles à l'étranger. Le cas le plus flagrant d'une position dominante sur le marché est celui du Canada : grâce au poids important de ses propres ventes de blé dur, négociées par son seul *board*, il gère à son profit le commerce mondial de cette céréale…

Les pays émergents ont d'autres méthodes qui conduisent au même résultat :

- l'Amérique du Sud, le Brésil et l'Argentine en tête, autorisent la création de *latifundias,* immenses domaines gérés par de riches propriétaires[1] ou par des sociétés financières qui organisent un quasi-esclavage des paysans sans terre pour produire à bas prix ;
- en Asie, la Chine dévalue sa monnaie pour rester compétitive tandis que l'Inde vit en autarcie alimentaire. Pourtant, ces deux nations, cumulant presque la moitié de la population mondiale, ont vocation à se porter acheteurs permanents sur le marché international.

Seule l'Afrique est démunie de toute capacité d'intervention parce que, divisée en elle-même, elle n'a aucun poids – ni économique ni politique –, ce qui incite ses concurrents et ses clients à lui contester et à étouffer dans l'œuf ses velléités de s'organiser pour se défendre. Paradoxalement, elle est maintenue dans le champ clos du libéralisme économique, qui l'enferme et la muselle dans son sous-développement alors qu'elle devrait bénéficier d'un régime d'exception pour sortir de son appauvrissement.

La leçon est claire : le Tiers-Monde ne peut compter que sur lui-même pour faire prévaloir ses justes intérêts. Or, les atouts de sa puissance sont à sa portée. Il n'a rien à inventer. Tout ce qui peut lui être utile a été expérimenté ailleurs avec succès : le marché commun,

---

1. La moitié des terres agricoles du Brésil est détenue par 1 % des propriétaires.

174

l'Opep, le *marketing board*. Pourquoi l'Afrique (ou d'autres) se priverait-elle de ces outils ? Qui se sentirait-il habilité à lui en interdire l'accès ? Chacun de ces outils étant indispensable à l'autre, pourquoi ne pourrait-il pas en cultiver l'interactivité, avec un marché commun pour cadre géographique, économique et politique ; l'Opep pour stabiliser à bon niveau les cours des denrées ; le *board* pour affirmer sa puissance commerciale en la rassemblant en une seule main ?

Les instruments sont là. La partition est connue. Il manque un chef d'orchestre. Houphouët-Boigny (1905-1993) en était un pour l'Afrique, reconnu par ses pairs. Le temps lui a manqué, l'aval et le soutien des Occidentaux aussi pour fédérer autour d'un grand projet l'Afrique subsaharienne qui n'en finit pas de gaspiller ses chances et de se laisser dépouiller de ses richesses.

Pour prendre le relais, Nelson Mandela avait l'étoffe, le charisme et le prestige qui le distinguaient des autres. Sans doute n'avait-il plus la force de relever le défi une fois son pays délivré de la ségrégation raciale. Aussi, plutôt que d'attendre l'homme providentiel capable de forcer le destin – chaque siècle n'en enfante qu'avec parcimonie –, le mieux serait de passer à l'acte, c'est-à-dire de créer des ensembles interétatiques actifs en privilégiant la démarche économique, voie empruntée par les pères de l'Europe en 1958 qui ne se sont pas obstinés, après l'échec de la CED[1], à imposer leur dessein politique mais ont su contourner l'obstacle en créant d'abord un marché commun. De ce noyau de six États membres auquel ont adhéré en un demi-siècle une vingtaine de pays du continent est née la première puis-

---

1. Communauté européenne de Défense (1952). Ce traité proposait la constitution d'une armée européenne composée de contingents militaires des six nations européennes d'origine : la France, l'Italie, l'Allemagne de l'Ouest et le Benelux, sous le commandement unique d'un ministre européen ; ceci supposait donc le réarmement allemand. Ce traité n'a été ratifié ni par la France ni par l'Italie. Suite à cet échec, une Communauté économique européenne fut proposée aux six mêmes nations avec pour acte fondateur le traité de Rome en 1957.

sance économique mondiale dont les avancées sociales s'inspirent d'une philosophie plaidant pour une économie au service de l'homme. Sous le bénéfice de cette réussite, aucun prétexte, y compris l'accusation de déficit démocratique, ne pourrait justifier le refus des Occidentaux d'aider les PVD à s'organiser selon les mêmes méthodes qu'eux : celles qui ont prouvé leur efficacité sur les continents nord-américain et européen.

Le Tiers-Monde est resté en marge de l'histoire économique qui s'est inscrite en rapports de forces entre les grandes nations. Il est temps qu'il se mêle au jeu et y fasse entendre ses intérêts. Son absence au G8, là où se règlent les affaires du monde, lui est préjudiciable. Les absents ont toujours tort…

Des marchés communs pour le Tiers-Monde

Les trois règles du Marché commun agricole

Le Marché commun agricole, première pierre de la construction européenne, a été le laboratoire, grandeur nature, d'une union dans un cadre solidaire, appelée à s'étendre à tous les secteurs de la vie économique et sociale. Il a fait ses preuves pendant le demi-siècle écoulé en couvrant tous les objectifs fixés par les pères fondateurs du traité de Rome (1957) ainsi résumés :

- accroître la production et la productivité agricole par le progrès technique ;
- assurer aux agriculteurs un niveau de vie équitable, comparable à celui des autres catégories sociales ;
- stabiliser les marchés agricoles ;
- garantir la sécurité des approvisionnements ;
- assurer des prix raisonnables aux consommateurs[1].

Pour cela, trois règles ont été mises en œuvre :

- la règle du marché unique autorisant la libre circulation des produits sur l'ensemble du territoire européen, facteur de saine concurrence ;

---

1. La Politique agricole commune protège aussi les consommateurs : en 1975, alors que le prix mondial du blé était deux fois plus élevé que le prix européen, une taxe à l'exportation a évité des ventes massives à l'étranger, garantissant ainsi l'approvisionnement des consommateurs à prix stable.

- la règle de la préférence communautaire qui est une incitation pour le grand commerce et les consommateurs à s'approvisionner en priorité sur le marché européen avant de faire appel aux importations ;
- la règle de la solidarité financière qui fait appel à la contribution de chaque État membre selon l'importance de son PIB pour faire face aux dépenses du budget européen dont le volet agricole représente encore 45 % du total.

Sous l'avantage de cette politique, en cinquante ans, la production agricole a été multipliée par trois en France bien que la population active agricole ait été divisée par huit. Le revenu des paysans a progressé à peu près normalement ; la part de l'alimentation dans les dépenses des consommateurs est tombée de 50 à 15 % et les marchés ont été régulièrement approvisionnés.

Sur le modèle européen

Certes, la reprise pour copie conforme de cette construction par le Tiers-Monde n'est pas immédiatement envisageable dans toutes ses déclinaisons. Cependant, les dispositions principales que sont la libre circulation des produits agricoles dans une aire géographique définie et le cordon douanier commun protecteur ne comportent pas de difficulté particulière si telle est la volonté de partenaires enfin décidés à prendre leur destin en main et à rompre avec la prévarication qui pourrit tout.

Ce qui a été réussi sur un continent peut être tenté ailleurs, selon les mêmes principes et les mêmes modalités. L'Afrique subsaharienne y a pensé en créant quatre entités géopolitiques regroupant chacune dix à quinze États : l'Afrique de l'Ouest, l'Afrique centrale, l'Afrique de l'Est et l'Afrique australe. Elles se sont toutes dotées d'institutions communautaires calquées sur le modèle européen. Mais la comparaison s'arrête là ou presque, à l'exception d'une zone monétaire d'initiative française (celle du franc CFA) à cheval sur trois de ces grandes régions et limitée à 14 États membres et d'un cordon douanier commun à quelques pays du cône méridional du continent noir sous l'égide de l'Afrique du Sud. C'est peu. C'est trop peu. Pour se faire respecter, les États africains seraient bien avisés de poser les jalons de leur protection commerciale avant que le piège du libre accès des marchandises des pays riches à leurs territoires ne se referme sur eux, en conclusion des accords de Doha à venir, en débat à l'OMC. Pour plaider leur cause, il leur suffirait d'invoquer le précédent européen des années 1960 et de reprendre le mécanisme du prélèvement variable sur les produits importés, tel que mis en œuvre par la Politique agricole commune (PAC). Ce mécanisme simple et efficace consiste à taxer les importations agricoles d'un montant équivalent à l'écart constaté entre les prix de vente proposés par les agents commerciaux des multinationales et ceux qui devraient être servis aux producteurs locaux pour leur permettre de vivre normalement de leur travail. À titre d'illustration, retenons cette image du passage d'un bateau depuis le bief inférieur d'un canal jusqu'à son étage supérieur. Il n'est possible que lorsque la quantité d'eau transférée par les vannes dans l'écluse atteint la hauteur requise pour autoriser l'ouverture des portes.

De la même façon, le droit de douane perçu à l'entrée des produits étrangers s'ajusterait en permanence pour compenser l'écart entre prix intérieur et prix extérieur, enlevant tout intérêt à une baisse circonstancielle des prix des produits importés pour forcer le passage. Les recettes ainsi collectées, réparties équitablement entre les États membres du marché commun importateur, trouveraient une utilisation prioritaire dans le financement de la modernisation de l'agriculture des PVD concernés et accessoirement dans l'allégement du coût de l'alimentation pour les catégories les plus pauvres de leurs populations. Autre avantage : les Africains n'auraient plus à protester contre le subventionnement des surplus agricoles exportés sur le marché international par l'Europe, les États-Unis et quelques autres. Tout au contraire, ils ne pourraient que s'en réjouir puisque la chute des prix mondiaux, qu'elle soit naturelle ou provoquée, accroîtrait leurs recettes douanières tout en autorisant une diminution graduelle et à leur gré du coût de leur alimentation.

Car le Tiers-Monde ne peut à la fois se plaindre du coût trop élevé de ses importations quand les prix mondiaux des denrées alimentaires sont à la hausse comme ce fut le cas en 2007-2008 et peu après, à l'inverse, déplorer que les subventions à l'exportation de l'Europe et des États-Unis découragent les agriculteurs des pays pauvres de produire en tirant les prix des marchés vers le bas. Le réalisme voudrait qu'il comprenne que le monde occidental, tant pour des raisons économiques que sociales et culturelles, voire environnementales, n'abandonnera jamais ses paysans. Envers et contre tous, il maintiendra le cœur des dispositifs qui leur assurent une rémunération normale de leur travail. C'est pourquoi, plutôt que de se lamenter, les PVD feraient mieux d'en prendre acte et d'en tirer les conséquences en arrêtant une stratégie offensive, la seule démarche qui vaille, pour ne pas se laisser imposer des règles commerciales contraires à leurs intérêts vitaux.

L'Amérique du Sud et l'Asie « prennent le vent »

Le Mercosur

Des velléités d'organisation existent cependant, sur tous les continents. En Amérique du Sud, plusieurs aires politico-économiques sont en gestation. Découlant d'initiatives diverses et multiples, elles sont à géométrie variable dans le temps mais ont toutes un objectif prioritaire : faire barrage à l'ambition hégémonique des États-Unis qui veulent créer une zone de libre échange (ZLPA) regroupant l'ensemble des pays du continent américain. Cette dernière initiative avait été lancée par Georges Bush père en 1990 lors de sa déclaration « Initiatives pour les Amériques », sorte de succédané de la doctrine Monroe : « l'Amérique aux Américains » proclamée au milieu du

XIXe siècle : elle contestait aux européens le droit de se mêler des affaires de l'Amérique latine à commencer par celui de la coloniser.

L'Alena, réunissant les États-Unis, le Canada et le Mexique, en fut la première ébauche. Elle limitait l'exercice en une zone de libre-échange sans tarif douanier commun et sans volonté de rapprochement juridique et politique. Suspectant dans cette première démarche nord-américaine aux résultats peu concluants pour le Mexique une visée expansionniste sur l'ensemble du continent, plusieurs États du Sud se sont regroupés en entités géopolitiques décidées à dépasser le libre-échange pour développer entre eux des politiques communes, économiques et monétaires, pour harmoniser leur législation et créer des embryons d'institutions parlementaires. Le Mercosur[1] a montré la voie suivi du Pacte andin, structures qui ont décidé en 2008 de se fondre dans l'Union des nations sud-américaines qui regroupe l'ensemble des pays de l'Amérique du Sud. Cette grande entité érigée en Communauté économique, avec marché unique et politique commerciale commune, disposerait par la suite d'une monnaie et d'un Parlement, c'est-à-dire qu'elle se calquerait progressivement sur le modèle européen. Mais l'intention n'est pas l'action. Pour l'instant les structures se superposent ; elles n'ont pas encore été fusionnées et on peut craindre que les États-Unis, inquiets de ces désirs d'indépendance, ne sèment la discorde… avant consommation. D'autant plus facilement que le Brésil et l'Argentine se disputent déjà le leadership du futur grand ensemble. L'entreprise est certes séduisante mais n'est-elle pas trop précoce ? Le lent cheminement de l'Europe – à qui il fallut un demi-siècle pour atteindre ses dimensions géographique, économique et politique actuelles – ne serait-il pas le bon exemple à suivre et la garantie de son bon accomplissement ?

---

1. Le Mercosur rassemble le Brésil, l'Argentine, le Paraguay, l'Uruguay et, plus récemment, le Venezuela (2006). Cinq autres pays d'Amérique centrale et du Sud sont associés à ce marché commun : la Bolivie, le Chili, le Pérou, la Colombie et l'Équateur.

L'Asean

Étonnamment, l'Asie reste un peu à l'écart de ce mouvement de regroupement. En outre, il est vrai que l'Inde et la Chine sont à elles seules deux immenses marchés dont le développement intérieur est la première exigence. Il est aussi probable que pour des raisons ethniques et religieuses (c'est le cas de l'Inde) ou politiques (c'est le cas de la Chine communiste), peu de leurs voisins semblent disposés à accrocher leur petite barque à ces énormes cargos. Ce fut donc essentiellement pour lutter contre la subversion communiste et pour se classer en non-alignés lors de la guerre du Vietnam, que, sans autre ambition semble-t-il, une dizaine de pays asiatiques ont fondé une zone de libre-échange, l'Asean[1] – trois pays : le Japon, la Corée du Sud et la Chine[2] les ayant rejoints récemment pour la défense de positions commerciales communes à l'OMC.

Ainsi s'opère lentement un mouvement de regroupement des nations du Sud-est asiatique dont se tiennent encore à l'écart la Russie, la Chine et l'Inde ; tout comme le Japon qui, sans avoir un volume de population comparable à ces grands pays, est néanmoins la deuxième puissance économique mondiale derrière les États-Unis. Cette dominante de regroupements imposants n'exclut pas en Afrique comme en Amérique latine la constitution de sous-groupes moins importants apellés ultérieurement à devenir des composantes d'ensembles plus vastes, conformément au modèle européen, formaté à l'origine à six pays et aujourd'hui composé de 27 États-membres. C'est alors que, le monde étant ainsi structuré en blocs géographiques d'au moins 500 millions d'habitants, le multilatéralisme politique et économique mondial prendrait tout son sens et qu'à l'ONU, au G8 et à l'Organisation mondiale du commerce (OMC), la voix de ceux qu'on entend peu et qu'on n'écoute jamais, celle du Tiers-Monde, aurait tout son poids.

---

1. L'Asean regroupe dix pays d'Asie du Sud-Est maritime : l'Indonésie, la Malaisie, les Philippines, Singapour, la Thaïlande, Brunei, le Viêt-Nam, le Laos, le Myanmar et le Cambodge.
2. On nomme cette formation récente l'Asean plus Trois (APT).

La solidarité comme règle

En situation extrême, l'aide massive s'impose

La même question d'une aide massive s'était posée au monde occidental à la fin de la Seconde Guerre mondiale. L'Europe était détruite de l'Atlantique à l'Oural. Ses industries démolies, son agriculture incapable de nourrir sa population, ses infrastructures routières, ferroviaires et fluviales démantelées la condamnaient à végéter pendant des décennies avant de pouvoir retrouver une relative prospérité. Dans le camp des vainqueurs, en France, au Benelux, l'enthousiasme de la libération pouvait rapidement se transformer en ressentiment contre leurs alliés qui parfois se comportaient en occupants à l'ouest du Rhin comme ils étaient en droit de le faire à l'est. L'ogre soviétique y gagnait en sympathie et la misère travaillait pour lui.

C'est alors que, conscients de leur intérêt de retrouver des partenaires commerciaux qui seraient les clients de leurs industries de guerre à reconvertir dans la fabrication de biens de consommation, les États-Unis décidèrent de financer la reconstruction de l'Europe. Initialement l'aide s'adressait à tout le continent, Union soviétique comprise. Priorité était donnée à l'objectif économique afin de nouer des liens entre les partenaires européens pour créer un espace libéral symétrique de celui des États-Unis. Le refus de l'URSS d'y participer et l'obligation qu'elle fit aux pays de l'Est sous sa tutelle de rejeter l'offre américaine ont donné au projet un caractère politique qui était peu perceptible à l'origine. Avec une relative liberté d'utilisation, la manne américaine répartie en une quinzaine de pays volontaires, dont la France, fut utilisée en priorité au ravitaillement des populations et à l'achat… en Amérique, d'équipements industriels et agricoles de production.

Je me souviens de mon émerveillement d'enfant en découvrant en 1945 sur des wagons en voie de déchargement des matériels agricoles flambant neufs et multicolores, si impressionnants par leur taille que je me demandais à qui ils étaient destinés. Deux ans plus tard, un tracteur Ford-Ferguson de 30 CV, équipé d'une charrue relevée hydrauliquement, ce qui était une nouveauté, arrivait à la ferme de mes parents. J'avais quinze ans et je n'avais jamais entendu parler du plan Marshall. Ce fut une révélation, accompagnée d'un sentiment de gratitude pour nos généreux libérateurs. Pour moi le métier d'agriculteur retrouvait de l'intérêt. Je décidai alors que ce serait le mien.

En 1947, dans toute l'Europe, l'aide Marshall amorçait une modernisation sans précédent, tous secteurs confondus. La croissance était relancée, le panorama social bouleversé. À l'offre d'emplois des industriels répondait un exode rural massif favorisant la restructuration des exploitations agricoles de plus en plus mécanisées. Une ère de progrès – les Trente Glorieuses – rendait à l'Europe sa prospérité, offrant à ses habitants un niveau et une qualité de vie en constante amélioration.

Ce vécu et ma participation à la fantastique mutation de l'agriculture française qui nous a conduits en un demi-siècle de l'ordre éternel des champs à la traite des vaches en libre-service, à l'emploi du GPS pour la conduite des cultures, aux promesses du génétiquement modifié, m'ont depuis longtemps convaincu que, sans l'intervention de la communauté internationale, l'écart relatif entre pays riches et pays pauvres continuerait à se creuser inexorablement. C'est pour cette raison que peu de temps après l'émancipation des pays d'Afrique de la tutelle coloniale et au constat de leurs difficultés à maîtriser leurs défis, les paysans français ont été les premiers à préconiser des aides adaptées au contexte particulier de ces jeunes nations.

184

Des contrats de développement

Un engagement réciproque des partenaires

Comme un grand corps malade qui a atteint un tel degré d'épuisement que toute médecine est inopérante si on ne procède pas à une transfusion sanguine massive en préalable, le Tiers-Monde ne peut que végéter si une intervention globale répondant à la somme des besoins nécessaires à son redressement – alimentation, santé, éducation – n'est pas proposée à chaque pays gangrené par la pauvreté.

Cette aide massive en attente des effets des marchés communs et de l'Opep agricole constitue un volet essentiel du plan Guillaume dont le projet a été partiellement repris, après l'élection de Jacques Chirac à la présidence de la République par la France au G8, mais sans conviction. Et sans en avoir détaillé l'économie, ni même les principes généraux appelés à lui donner un cadre et des moyens, c'est-à-dire sans y croire vraiment. À cette indifférence s'est ajoutée la méfiance des « annexes de l'ONU » : le FMI et la Banque mondiale, inféodés aux États-Unis et dont les interventions à contresens ont bien souvent aggravé la situation des pays pauvres plutôt que de l'améliorer. Mais pourquoi ces réticences ? Nous avons pourtant décrit ce nouveau plan non pas comme un don renouvelable à la discrétion des bénéficiaires, mais comme un contrat personnalisé engageant les deux parties. Proposé dans son principe, négocié dans ses modalités, suivi dans ses applications par le donateur, il serait financé sous conditions et avec menace d'interruption en cas de non-respect des clauses souscrites. Chaque pays – les PMA en priorité – ou groupe de pays pourrait y avoir accès. Les organismes spécialisés de l'ONU : le PNUD, la FAO, l'OMS (Organisation mondiale de la santé) seraient les interlocuteurs des candidats, chargés d'établir avec eux un programme portant à la fois sur l'agriculture, la santé, l'éducation, et habilités à leur proposer des actions concrètes, ouvertes à la contribution volontaire des ONG.

Tout plan de développement ainsi construit réunit les gages de sa réussite :

* élaboré en commun, il écarte le reproche d'ingérence extérieure ;
* financé sous condition d'exécution, il oblige au respect des engagements ;
* éventuellement soutenu par des ONG, il les invite à s'intégrer dans le programme plutôt que d'agir en solitaires ;
* rigoureusement contrôlé par les organisations internationales dédiées, il se protège de l'accusation de gaspillage et de brèche à corruption.

Ce recadrage des interventions publiques et des initiatives privées aurait pour mérite de coordonner et d'organiser l'aide au développement, ainsi que de lui donner une chance d'être plus efficace. Il n'est d'ailleurs pas certain que son besoin de financement serait supérieur à celui de toutes les contributions actuellement recensées au profit du Tiers-Monde. L'adhésion à ce système contractuel étant volontaire et le plan étant négocié, personnalisé, tout candidat s'engagerait en connaissance de cause. Certes, chacun serait en droit de décliner l'offre, mais sans pour autant être évincé de tout autre participation à la défense commune de ses intérêts (marché commun, Opep des produits agricoles) ou privé des éventuels secours d'urgence.

L'aide alimentaire en accompagnement

Le redressement du Tiers-Monde est une œuvre de longue haleine que compliquent la fragilité des pouvoirs politiques en place et la faiblesse de leurs administrations. Ces handicaps sont à prendre en compte. Le découragement des populations démunies et les troubles qui en témoignent aussi. Car la politique macro-économique décrite ci-dessus, à supposer qu'elle soit conduite sans défaillance, ne portera pas immédiatement ses fruits. Pour prévenir les impatiences, une aide alimentaire d'accompagnement s'avère indispensable. Cela signifie que la mission du Programme alimentaire mondial

(PAM)[1], créé en 1963 pour faire face aux drames humanitaires, devra s'étendre au ravitaillement des familles en détresse permanente.

Cela suppose un financement adéquat et la constitution de stocks de réserves pour y faire face. Jusqu'ici, l'essentiel des moyens de cette institution onusienne spécialisée était consacré aux secours d'urgence pour venir en aide aux victimes de catastrophes naturelles : tremblements de terre, cyclones, inondations (pour les plus récentes : au Pakistan, en Haïti, en Malaisie) ou bien lors des conflits internes (Darfour). Chaque année, 90 millions de personnes sont ainsi secourues dans 80 pays différents. Pour les deux tiers, ce sont des familles atteintes par l'un de ces sinistres. Ces interventions exigent rapidité d'exécution, disponibilités alimentaires, logistique lourde et parfois le recours à des pressions politiques pour apaiser les susceptibilités nationales ou, pire, lever les obstacles dressés par des dictateurs estimant indésirable une présence étrangère sur leur territoire, même à des fins humanitaires, de peur qu'elle ne dénonce leurs excès et n'encourage leurs opposants.

Travail contre nourriture

Si cette mission d'aide ponctuelle reste essentielle, celle plus durable d'une aide permanente liée à un projet de développement en attente de résultat ne l'est pas moins. En effet, ce soutien continu peut, à terme, limiter les moyens consacrés à l'urgence chaque fois que le retour d'un pays à la prospérité lui permettra de prendre en charge lui-même les premiers secours à un sinistre – d'autant plus que, rapidement apportés, ils sont généralement décisifs ; de plus, une population bien nourrie peut participer à des travaux destinés à prévenir des calamités renouvelées.

---

1. Le PAM est une institution onusienne créée en 1963 ; elle dispose d'un budget annuel de 3 milliards de dollars et emploie 10 000 personnes à travers le monde.

Cette approche substitue à la résignation de l'assistanat la contribution active à un projet d'utilité collective ; elle s'est concrétisée par des échanges de type « travail contre nourriture » : soit au profit d'infrastructures routières à Madagascar, de barrages en Éthiopie, région affectée par des sécheresses récurrentes ; soit pour des opérations plus ponctuelles, tel le nettoyage des écoles submergées par des milliers de tonnes de boue en Haïti au cours du sinistre de 2008 ; soit encore sous l'engagement de familles pauvres d'envoyer leurs enfants à l'école, en contrepartie de l'équivalent de deux kilos de riz par jour (une opération similaire visant la formation professionnelle est en cours en Afghanistan au profit des veuves qui ont perdu mari et fils à la guerre). Ce troc encore trop peu usité pourrait connaître d'autres expressions. J'avais moi-même suggéré au nom de la FNSEA en 1980 que l'Unesco, en liaison avec le PAM, propose à l'Inde la restauration de ses monuments inscrits au patrimoine de l'humanité en échange de la nourriture quotidienne des travailleurs volontaires et de leurs familles. Ce serait le moyen le plus sûr de préserver ces inestimables richesses de leur inexorable dégradation ici comme dans tout PVD qui ne peut entretenir les siennes.

Dans l'hémisphère Nord, c'est par le travail qu'on rend aux sans-emploi l'espoir et la dignité. Au Sud, on leur rendrait plus : le droit de vivre.

Une union monétaire indispensable : l'exemple de l'Afrique

L'efficacité des mécanismes du plan Guillaume, articulé en ses quatre volets aussi complémentaires qu'indissociables, ne trouvera sa pleine mesure qu'au prix d'un *aggiornemento* monétaire. Car, pour trouver une juste place dans le commerce international, les PVD rencontrent deux verrous financiers :

- l'instabilité du dollar qui modifie sans raison objective le pouvoir d'achat et donc d'échange pour qui en détient ;
- l'inconvertibilité de leurs monnaies qui limite leurs achats extérieurs au poids des devises tirées de leurs recettes d'exportation.

À cela, deux réponses ont déjà atténué la portée de ces obstacles :

- pour se prémunir des fluctuations erratiques du billet vert, les opérateurs à l'import-export privilégient chaque fois que faire se peut l'euro, monnaie stable, dont le statut international monte en puissance bien que la part du dollar dans le commerce international reste encore prépondérante ;
- pour ne pas tomber dans le piège de l'inconvertibilité des devises nationales qu'ils ont eu la sagesse de ne pas créer lors de leur indépendance, 12 pays francophones de l'Afrique subsaharienne auxquels se sont jointes les Guinées Bissau et Équatoriale ont choisi librement de partager une monnaie unique : le franc CFA.

Cette communauté financière africaine, créée dès 1948 pour établir une solidarité monétaire entre la France et ses colonies d'Afrique noire, se voyait ainsi authentifiée en une zone franc avec plusieurs avantages :

- celui de la garantie du Trésor français qui s'engage à honorer le découvert des Banques centrales de la zone lorsque les réserves de change des États membres sont inférieures à leurs engagements en devises ;
- celui d'une parité fixe entre le franc CFA et le franc français, à hauteur de 50 pour 1 et qui est restée inchangée jusqu'en 1994 ;
- celui d'un régime de liberté de circulation des capitaux à l'intérieur de la zone franc complété d'une autorisation de sortie hors des territoires africains concernés.

Grâce à cette crédibilité financière reconnue, la zone franc est apparue longtemps comme un havre de prospérité dans une Afrique subsaharienne en crise.

La fausse monnaie chasse la bonne

Pourtant, dès les années 1980, les pays de la zone ont enregistré des performances inférieures à celles de leurs voisins pour plusieurs raisons. Tout d'abord à cause d'une réévaluation du franc CFA de 40 % sur la période 1985-1992 dans le sillage du franc français, lui-même accroché à s'en asphyxier à son poisson-pilote le deutsche mark. Puis, en sens contraire, à cause des dévaluations compétitives brutales du Ghana et du Nigeria, qui ont encore augmenté l'écart entre les monnaies. Ces deux manipulations en sens opposés mais à effets cumulés ont perturbé le flux des échanges intra-africains. Trop chers, les produits de la zone franc étaient alors concurrencés par ceux de leurs voisins tant sur les marchés intérieurs que sur les marchés extérieurs. À ce handicap s'est ajoutée une autre conséquence fâcheuse : la valeur des avoirs en mauvaise monnaie africaine des membres de la zone franc fondait comme neige au soleil sous le coup des dévalua-

190

tions pratiquées. En conséquence, le taux de croissance des États de la zone franc s'effritait quand celui des autres grimpait rapidement. Il fallut donc se résigner à mettre les pendules à l'heure, c'est-à-dire à dévaluer le franc CFA pour l'accrocher à une autre parité : 1 franc français contre 100 francs CFA au lieu de 1 contre 50.

Ce fut fait en 1994 avec une aide au désendettement de la zone pour annuler l'effet du doublement de la contre-valeur en francs CFA sur la dette exprimée en dollars, conséquence directe de la dévaluation. L'opération a été réussie parce que la pression inflationniste qu'elle a engendrée a été inférieure au montant de cette dévaluation, la hausse des salaires et des prix ayant été contenue en deçà. C'est pourquoi, malgré l'impact politique négatif de cet ajustement, ses retombées ont été positives. Les importations ont été freinées, les exportations relancées et les distorsions de concurrence avec les pays voisins hors zone atténuées. Néanmoins, les économies des pays du CFA n'ont pas été protégées plus que d'autres du yo-yo du dollar américain dont les fluctuations erratiques ont perturbé l'économie mondiale et continuent à le faire. Il suffit de se souvenir que l'euro, auquel le CFA est maintenant arrimé, est passé depuis son avènement d'une parité de 1 euro pour 0,80 euro à 1 euro pour 1,60 dollars, extrêmes constatés sur une période de dix ans. La fusion du franc français dans la monnaie unique européenne avait d'ailleurs posé le problème du devenir du CFA. Fallait-il ou non lui trouver un autre tuteur et, si oui, l'euro évidemment s'imposait. Pourtant les dirigeants africains concernés redoutaient que l'étranglement économique qui les avait contraints à diviser par deux leur monnaie en 1994 ne se renouvelle avec la transposition à l'euro de la parité fixe qui unissait alors le franc français au franc CFA. Cette crainte n'était pas sans fondement : l'Allemagne avait accepté la monnaie unique à condition qu'elle soit gérée comme le deutsche mark, cette mission étant confiée à la Banque centrale européenne qui a respecté la consigne en s'attachant à bâtir un euro fort. Non sans risque pour la zone franc car, les mêmes causes produisant les mêmes effets, on peut craindre que sa compétitivité ne soit à nouveau altérée par cette rigueur européenne qui fait exception dans un océan de pratiques monétaires laxistes, quand elles ne procèdent pas de *dumpings* volontaires à but commercial.

Pour un élargissement de la zone franc adossée à l'euro

Ces réserves n'ont pas été prises en compte. La connexion euro et franc CFA a été approuvée mais l'Union européenne n'en porte pas la charge : c'est toujours la France qui garantit la stabilité et la parité du CFA. Cet historique fait apparaître l'intérêt d'une union monétaire étendue à l'ensemble des nations subsahariennes. Son grand avantage serait de doper le commerce intra-africain par trop limité. Les raisons en sont connues. Elles sont dans l'insuffisance des réseaux de communication transversaux, héritage du colonialisme, les premières routes et voies ferrées créées ayant pour mission de favoriser le défruitement des produits tropicaux et des minerais pour les acheminer vers des ports de la côte à destination de l'Europe. Elles sont aussi dans l'anarchie monétaire qui fausse la concurrence et décourage l'épargne (on se débarrasse de la mauvaise monnaie).

Une dizaine d'États africains principalement situés au nord de l'équateur ont vocation à s'intégrer dans la zone euro car ils sont imbriqués dans celle-ci ou ont une frontière commune avec elle. La plupart des pays sont francophones, exception faite du Ghana et du Nigeria anglophones qui, sous influence anglo-saxonne, semblent les plus hostiles à l'extension de la zone franc comme le sont aussi les lusitanophones du Liberia et de la Sierra Leone, sensibles aux sirènes nord-américaines. Mais étant donné les liens commerciaux de ces vastes territoires avec l'Europe, une zone monétaire rebaptisée « euro » pour tenir compte des susceptibilités des pays anglophones vis-à-vis d'une zone franc dont ils ont été tenus à l'écart dans le passé, répondrait aux nécessités monétaires de ces pays. Elle aurait aussi l'avantage de transférer la charge de la convertibilité du franc CFA à l'Europe. Réticente, l'Allemagne s'en ferait une raison sous l'avantage du renforcement de ses relations politiques et économiques avec le continent noir.

La zone franc en Afrique

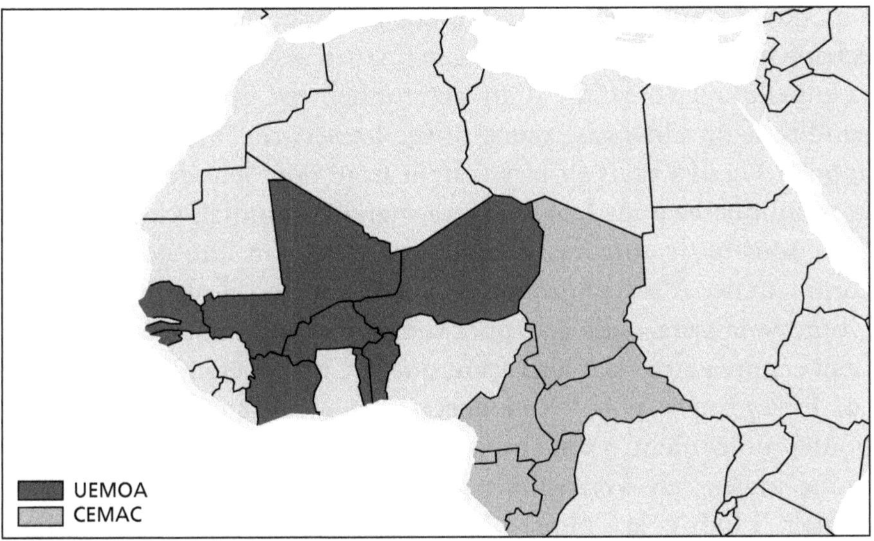

La zone franc constitue un espace monétaire qui regroupe :
– huit États de l'Afrique de l'Ouest formant l'Union économique et monétaire ouest-africaine (UEMOA) : le Bénin, le Burkina Faso, la Côte d'Ivoire, la Guinée-Bissau, le Mali, le Niger, le Sénégal et le Togo ;
– six États d'Afrique centrale qui constituent la Communauté économique et monétaire de l'Afrique Centrale (CEMAC) : le Cameroun, la République centrafricaine, la République du Congo, le Gabon, la Guinée Équatoriale et le Tchad.
À deux exceptions près (la Guinée-Bissau et la Guinée Équatoriale), tous ces pays sont francophones.

Aux 14 États membres de la zone franc pourraient s'ajouter la Mauritanie et la Guinée qui y sont déjà favorables, puis la Sierra Leone, le Liberia, le Ghana, le Nigeria, la République démocratique du Congo et, plus tard, les frères ennemis – le Rwanda et le Burundi – qui ont vocation à les rejoindre au titre de leurs attaches géographiques et linguistiques.

À l'évidence, la démonstration n'est plus à faire : le désordre monétaire est un lourd handicap pour le continent noir. Seul îlot de stabilité, la zone CFA, née de la volonté de la France et de ses 14 États partenaires subsahariens, fait exception dans le paysage africain. Cette coopération monétaire a soixante ans. À ce jour, elle n'a pas d'équivalent dans le monde, aucune autre puissance coloniale de l'époque n'ayant eu le même soin que la France de doter ces pays qui échappaient à sa tutelle d'une assise financière crédible, contribution essentielle à la création d'un environnement économique stable, condition de l'investissement privé. La sécurité monétaire qu'elle apporte à ces 14 États africains est un atout pour leur développement économique et pour leur accès au marché mondial. Cependant, le CFA souffre de son relatif isolement dans son aire géographique continentale. Alors pourquoi ne pas l'étendre à l'Afrique entière ? L'Europe laissera-t-elle échapper cette carte maîtresse que la France tient encore entre ses mains avant que la Chine n'étende son emprise sur le continent noir ? Renoncera-t-elle à saisir cette occasion de donner un contenu à son ambition affichée de jouer un rôle international majeur en contrepoids des États-Unis et des puissances de demain, l'Inde et la Chine ? Même émoussée, l'attirance de l'Afrique pour l'Europe est encore réelle. Un partenariat monétaire lui rendrait vigueur. Et pour elle, mieux vaut l'Eurafrique que la Chinafrique.

Telle n'est pas cependant l'intention des États anglophones de la Communauté économique des États de l'Afrique de l'Ouest (Cedeao) qui envisagent de créer une monnaie unique, l'« eco », pour la fusionner à terme avec le franc CFA et unifier sous cette devise les 16 pays de la zone, sans se préoccuper des autres États membres du CFA qui n'auraient alors d'autre ressource que de s'aligner. Le Nigeria, première puissance de la zone (et deuxième PIB de l'Afrique), en est le principal instigateur avec certainement le soutien britannique en revanche tardive sur le CFA d'origine française. Et ce ne serait, selon ce pays, qu'une première étape avant l'avènement d'une monnaie commune à toute l'Afrique qu'il programme pour

2016. Au-delà des manœuvres politiciennes, on ne peut que saluer l'objectif final ; pourtant, cette première étape – la naissance de l'eco, prévue en 2010 – est retardée faute de convergences des critères économiques retenus (PIB, inflation, déficit budgétaire) entre les futurs États membres et le club monétaire. Une fois de plus, on en restera probablement au stade des bonnes intentions.

Une zone rand pour l'Afrique australe

Aussi convient-il de progresser par étapes successives. Parallèlement, une autre zone monétaire s'appuyant sur le rand sud-africain devrait rassembler une dizaine de pays subéquatoriaux dont l'Afrique du Sud pourrait être le chef de file. Elle l'est, de fait, déjà à deux titres. Dans le cône sud du continent, à son instigation, se sont créées deux entités :

- l'une, la SADC (*Southern African Development Community)*[1], vise l'élimination de toute restriction au commerce entre ses 14 nations adhérentes ;
- l'autre, élaborée en forme d'union douanière, la SACU *(South African Customs Union)*, unit sous l'égide de Pretoria ses pays les plus proches : le Botswana, le Lesotho, la Namibie et le Swaziland.

Ensemble, elles ont établi un cordon douanier protecteur autour de leur aire géographique commune sur la base d'un même tarif extérieur. Les taxes qui frappent les importations sont perçues aux frontières, dans les ports et dans les aéroports. Elles sont ensuite équitablement réparties entre les États membres suivant l'activité import-export de chacun. Ce partenariat de cinq nations politiquement stables peut, sans problème, s'étendre à une monnaie commune. Le

---

1. Zone de libre-échange entre 14 États membres : l'Angola, le Botswana, la République démocratique du Congo, le Lesotho, Madagascar, la Namibie, les Seychelles, l'Afrique du Sud, le Swaziland, la Tanzanie, la Zambie et le Zimbabwe.

rand est tout indiqué pour cela. Son leadership pourrait ensuite s'élargir progressivement à tout le cône sud du continent.

Ne resterait alors que l'Est africain dont on ne voit pas encore comment il pourrait se rassembler alors que les guerres de voisinage et les conflits internes resurgissent à toute occasion, que ce soit au Soudan, en Somalie, en Érythrée ou en Éthiopie. Il est donc urgent d'attendre.

La plaie du *dumping* monétaire

Gage de stabilité et de convertibilité, l'arrimage à l'euro d'une monnaie commune qui se substituerait à toutes celles du continent noir serait un premier assainissement. Il aurait aussi l'avantage d'en préparer un autre : le retour à l'indexation de toutes les monnaies sur l'une d'entre elles (dollar ou euro) ou sur un panier de grandes devises, dans la droite ligne de ce qui fut décidé en 1971 lors de l'abandon de la convertibilité du dollar en or[1]. Trois plus tard, une nouvelle dégradation monétaire est intervenue avec les taux de change flottants. Sans fondement réel, leurs variations s'amplifient encore de la spéculation internationale et des manipulations à but commercial. À tel point que personne ne peut estimer quelles sont objectivement les valeurs relatives des grandes monnaies entre elles. Le commerce international en est profondément perturbé et faussé. Non sans un double bénéfice pour tout pays qui dévalue : il vend plus facilement ses produits à l'étranger et se protège mieux des exportations des autres. Les États-Unis et la Chine sont les premiers à en jouer.

---

1. L'année 1971 marque la fin du *Gold exchange standard*, c'est-à-dire de la convertibilité du dollar en or, en rupture avec le système de Bretton Woods qui avait établi que toutes les monnaies se définissaient par rapport au dollar, lui-même étant indexé sur l'or. En 1973, ce fut le retour aux taux de change flottants.

Il est d'ailleurs surprenant que, parallèlement au démantèlement des droits de douane qui fait l'objet d'âpres négociations internationales alors que leur niveau moyen est relativement faible (4 % pour l'Europe), on se désintéresse totalement des variations des monnaies dont le taux peut atteindre parfois 50 %, tel le dollar face à l'euro en 2007. Ce fut à partir de cette observation et avec le soutien déterminant d'un fin diplomate représentant l'Union européenne au Gatt, l'ambassadeur Tran Van Thinh, qu'en 1986, lors de l'ouverture des négociations commerciales de l'Uruguay Round à Punta del Este, j'avais réclamé et obtenu le principe d'un correctif pour neutraliser l'écart mobile entre le dollar et l'écu[1] chaque fois que seraient constatées des fluctuations erratiques du billet vert. Une victoire sans lendemain, nos successeurs n'ayant pas transformé l'essai.

Naturellement, tous les opérateurs cherchent à se prémunir des conséquences de ces fluctuations. L'Opep l'a fait en relevant jusqu'à 150 dollars le prix du baril de son pétrole pour maintenir son pouvoir d'achat quand le billet vert perdait 50 % de sa valeur par rapport à l'euro. Puis, fin 2008, concomitamment au redressement du dollar, l'or noir revenait à des prix plus raisonnables.

Le marché commun a souffert de cette instabilité monétaire. Son commerce inter-étatique a été affecté par les changements de valeur de ses monnaies nationales entre elles, faussant la compétition des entreprises sur le marché communautaire. Après avoir usé de palliatifs puis encadré les fluctuations, Bruxelles y a mis fin en créant l'euro, monnaie unique adoptée par une quinzaine d'États membres, devise stable qui gagne rapidement du terrain dans le règlement des transactions internationales au détriment du dollar.

---

1. L'écu est la monnaie européenne qui a précédé l'euro et a succédé à l'unité de compte. Comme celle-ci, l'écu était une valeur comptable définie par un panier de monnaies européennes dans les années 1980-1990. Virtuel, il n'avait pas été d'usage commercial courant.

L'ordre monétaire à rétablir

Un copier-coller de cette remise en ordre monétaire européenne serait le bienvenu sur la scène internationale secouée depuis 2008 par une crise de confiance qu'alimente la volatilité des monnaies. Car le dieu marché de l'argent est encore plus démoniaque que celui des marchandises. Il a enfanté des produits destructeurs, les *subprimes* et d'autres, avec pour auxiliaires des banquiers grisés par leur pouvoir démultiplicateur qui ont agi comme des apprentis sorciers. Un retour à l'orthodoxie monétaire s'impose. C'était déjà le conseil donné, après-guerre, par le grand économiste John Maynard Keynes qui proposait de créer une monnaie internationale de réserve, le bancor. Toutes les devises se seraient définies à partir de cette nouvelle monnaie, ce qui permettait d'échapper à la tutelle du dollar et laissait néanmoins à chaque pays la possibilité, en des circonstances reconnues objectives, de modifier sa parité – selon le principe que la monnaie d'un pays doit être le reflet de son économie et au service de celle-ci. On mesure néanmoins les querelles sémantiques et politiques que déclencherait la négociation entre les grandes puissances d'un système monétaire international (SMI) tel que décrit ci-dessus, s'apparentant au système monétaire européen (SME) qui a précédé et préparé l'avènement de l'euro.

Car la contestation de la suprématie du dollar prend du volume. Elle s'exprime de différentes manières. La Chine, première détentrice de réserves de change (en dollars pour l'essentiel), réclame, suivie par la Russie, l'Inde et le Brésil, la création d'une monnaie de réserve supranationale pour le règlement des échanges internationaux. D'autres le font plus indirectement : mesurant le handicap de leurs devises faibles, disparates et dispersées, ils envisagent de doter d'une monnaie unique les grandes régions économiques qu'ils créent à plusieurs pays – parfois à la dimension d'un demi-continent comme c'est le cas de l'Union des nations sud-américaines.

198

Mais si une étroite coopération monétaire unissait l'Europe et l'Afrique, le poids économique et financier de cet ensemble serait tel qu'il obligerait à un partenariat entre les grands acteurs de la planète pour gérer un nombre très restreint de devises stables et ajustables entre elles. Le commerce y trouverait son compte.

Avant même que n'éclate la crise financière en 2008 et que ne soit contestée ouvertement la suprématie du dollar par ses premières victimes – ses créanciers : principalement la Chine[1] et le Japon –, le flottement spéculatif des monnaies a été ressenti par tous les pays sous-développés comme un nouvel instrument de spoliation entre les mains des puissants. D'où leur projet de monnaie commune à l'échelle de demi-continents : en Amérique du Sud et en Afrique subsaharienne. D'où l'émergence d'une coalition d'intérêts russes, chinois, moyen-orientaux, et même brésiliens contestant au billet vert son statut de devise de réserve à qui l'euro ne fait pas encore beaucoup d'ombre.

Pourtant, une fois l'orage financier maîtrisé, rien ne dit que le paysage monétaire ne sera pas remanié.

Un nouveau programme géopolitique

Le paysage économique et commercial mondiale sera-t-il aussi remanié dans le sens d'une régulation des marchés et d'un rééquilibrage des termes de l'échange entre PVD et pays industrialisés ? Pourquoi pas ?

Cela est d'autant plus envisageable que des hommes nouveaux sont apparus sur la scène internationale, décidés à se positionner hors des stratégies politiques de leurs prédécesseurs.

---

1. La Chine détient une réserve en dollars de 2 000 milliards, soit le PIB annuel de l'Afrique entière.

En France, nation que ses relations avec l'Afrique désigne comme l'avocat naturel de la cause du Tiers-Monde, Nicolas Sarkozy s'attache à changer de perspectives et de méthode. Au conservatisme dans lequel s'enlisaient les meilleures intentions, il oppose la rupture chaque fois que la réforme doit affronter l'âpre résistance des vieilles habitudes gravées dans le marbre.

On attend cependant de voir comment ce style nouveau marquera la politique extérieure française tiraillée depuis de Gaulle entre l'indépendance à l'égard de tous et l'alignement sur le plus fort disant.

De l'autre côté de l'Atlantique, Barack Obama, qui suscite un grand espoir dans le monde libre et le continent noir, s'apprête à réviser les fondamentaux de la politique étrangère américaine. L'impérialisme qui en était le mobile s'infléchit déjà de l'ouverture à un monde qui n'est plus unipolaire sous la gouverne américaine mais qui se révèle chaque jour un peu plus multipolaire avec l'émergence de nouvelles puissances économiques et militaires redoutables.

Soutenir l'Inde et le Japon, ménager la Russie, ne pas perdre l'Afrique, encercler les « forces du mal » plutôt que de leur faire la guerre sans succès est une autre stratégie qui appelle l'alliance des pays occidentaux pour une géopolitique arrêtée de concert.

Ces hommes nouveaux à l'Ouest sont confrontés à des faits d'une exceptionnelle gravité :

* la crise qui ébranle la confiance sans limites des dernières décennies à la loi du marché, à la puissance de l'argent, à la vertu de la concurrence. Elle les obligera à réinventer des libertés économiques surveillées ;
* la paupérisation et les maux qu'elle propage : l'immigration clandestine, le fanatisme religieux et le terrorisme auquel il ne suffira pas d'opposer les armes.

Ces hommes nouveaux ne peuvent se résoudre à prolonger le *statu quo* politico-économique du Tiers-Monde, ballotté dans le demi-

200

siècle passé, tel un bateau ivre qui chercherait en vain son port, entre la dominante d'un système ultra libéral qui le ruine et la tentation collectiviste où certains se sont fourvoyés.

L'univers bascule dans un autre monde. Il serait dangereux d'en écarter les PVD et de les priver des bénéfices attendus.

2008 a sonné le glas des certitudes économiques et financières. Les dérives des acteurs du marché ont ébranlé la confiance du public, terni l'image du capitalisme triomphant et remis en cause sa suprématie qui s'était nourrie de l'effondrement du communisme à la fin du siècle dernier. Révélées par les scandales bancaires, ces dérives appellent le retour de la puissance publique en arbitre du jeu économique. Mais il ne serait pas suffisant de colmater la crise à coups de centaines de milliards. Car il s'agit moins de relancer la machine que de changer son mode de fonctionnement :

* en tirant les leçons de l'exercice comparatif des systèmes économiques qui se sont affrontés au siècle dernier : le libéralisme et le collectivisme ;
* en visant la mise en valeur de la Terre pour un meilleur partage des chances et des richesses ;
* en se fixant des priorités pour répondre aux défis les plus urgents : la malnutrition et la pauvreté.

En fait, il s'agit de réinventer la gestion du monde.

Et maintenant ?

Le temps presse. La fracture Nord-Sud ne se résorbe pas ; pire, elle s'accentue. Des statistiques accablantes le confirment. Sans s'attacher à leur précision, très aléatoire, il convient surtout de les considérer comme un ordre de grandeur significatif d'un drame humanitaire qui n'en finit pas de recenser ses victimes :

* un milliard d'affamés et autant de désœuvrés qui n'ont accès ni à l'eau potable, ni à l'électricité ;
* un milliard d'illettrés ;
* un milliard de désespérés ne disposant que d'un dollar par jour.

Ce sont les plus déshérités de cette moitié de la population mondiale qui vit sous le seuil de la pauvreté (deux dollars par jour).

En contraste, s'inscrivent :
* le demi-milliard d'obèses[1] des pays nantis, la surconsommation, le gaspillage généralisé, les poubelles qui débordent au Nord quand les ventres sont vides au Sud ;
* l'étalage des grandes fortunes, la confiscation de 80 % des richesses de la planète par le cinquième de ses habitants alors que le cinquième le plus démuni n'en reçoit que 1,5 %.

Ce dramatique face-à-face de la misère et de l'opulence porte le danger d'un affrontement des deux hémisphères : l'un, prospère, arcbouté sur

---

1. Une statistique OCDE dénombre parmi les populations 30 % d'obèses aux États-Unis et 9 % en France.

ses intérêts et l'autre, appauvri, éprouvant pour cette raison une haine grandissante de l'Occident. Le premier détient les armes, le second la multitude ; dans la crainte d'un conflit de civilisation à soutenir pour les uns, dans l'optique d'une guerre de religion à engager pour les autres ; et à partir de deux stratégies différentes : celle du camp occidental fondée sur le maintien d'abcès de fixation géographiques en terre étrangère (en Irak, en Afghanistan, au Pakistan) ; et en face celle d'une guerre sainte sur fond d'agitation des masses populaires éduquées dans le fanatisme religieux qui instrumente le terrorisme.

Indifférents à ces enjeux planétaires comme aux querelles et aux périls qu'ils portent, chaque jour, des milliers de ressortissants du Tiers-Monde, faute d'espérer pouvoir « vivre au pays », prennent tous les risques pour quitter leur terre natale qui ne les nourrit plus. Cet autre face-à-face entre les 5 milliards d'hommes de la zone départ (l'Afrique, l'Asie et l'Amérique du Sud) et le milliard de la zone d'accueil potentiel (l'Europe et l'Amérique du Nord) est encore plus inquiétant que ne le sont les menaces d'affrontement direct entre les blocs continentaux. On peut stopper une armée et la défaire ; on n'arrête pas une marée humaine. Et on ne renverra jamais dans leur pays d'origine autant de clandestins qu'il en rentre.

À cette angoissante problématique le monde occidental ne peut apporter que cette seule réponse : « Aidons-les à vivre chez eux pour qu'ils ne viennent pas trop nombreux chez nous. » Une réponse à laquelle le plan Guillaume donne un contenu en quatre volets intimement liés :

- l'Opep des produits agricoles qui protégera de la spéculation internationale les cultures de vente du Tiers-Monde, en confiant aux producteurs la responsabilité de régulariser les apports sur le marché pour équilibrer l'offre à la demande. Ce cartel (n'ayons pas peur des mots) leur apportera l'assurance du respect d'un prix minimum sécurisant leurs revenus ;
- les marchés communs agricoles fondés sur les entités géographiques, existantes ou à créer, et destinés à protéger les producteurs des

concurrences extérieures abusives par des droits de douane ajustés, ces taxes étant employées à financer l'investissement agricole ;

- la création d'unions monétaires à l'identique de la zone franc pour mettre fin au désordre des devises faibles qui pénalise les relations financières et les échanges commerciaux des PVD avec le reste du monde ;

- l'offre à chaque pays ou groupe de pays de souscrire un contrat de développement, fixant les objectifs agricoles à atteindre et leurs délais de réalisation. Établi de concert avec la FAO et l'État donateur, il pourrait réunir des contributions privées tant pour son financement que pour sa réalisation – les ONG et les fondations intéressées étant invitées à s'inscrire dans ces projets. La cohérence des actions de terrain ainsi assurée, les crédits ne seraient délivrés qu'au vu des résultats obtenus afin d'éviter tout détournement.

Cette nouvelle politique macroéconomique forme un tout. Ses composantes ne sauraient être dissociées car elles en perdraient chacune leur efficacité. Elle ne remet pas en cause l'économie de marché, elle la discipline ; elle la module pour tenir compte de la singularité de ses acteurs, tous ces États que la nature a dotés différemment et dont les niveaux de développement sont dissemblables. Elle ne s'oppose pas aux microprojets, elle les protège de la « mauvaise humeur » des marchés et des changements de cap qui vont parfois de pair avec les changements des leaders politiques ou de régime dans les pays où la démocratie est fragile. Elle est évolutive dans ses modalités. Seuls ses principes restent intangibles. Elle admet en effet que toute dérogation à l'ouverture des marchés obtenue par le Tiers-Monde cessera dès lors que la compétitivité agricole ou industrielle des PVD atteindra celle des pays industrialisés : chacun doit pouvoir boxer dans sa catégorie sans être obligé d'affronter beaucoup plus fort que soi.

Car le présent s'est brusquement assombri sur la Terre entière. La crise financière née de la profusion de l'argent virtuel s'est doublée d'une crise de confiance qui casse les ressorts libéraux de l'économie mondiale. Elle pousse les États comme les citoyens au repli sur soi. Réflexe funeste qui comprime la demande. Avec pour conséquence les ravages du chômage qui s'étend à rythme accéléré sur tous les continents. Cette descente aux enfers n'épargne personne, pas même ceux qui n'ont rien. « *Quand les riches maigrissent, les pauvres meurent de faim* », disait Confucius : un adage d'actualité rappelant que ce sont les peuples les plus démunis qui ont le plus à perdre en période de crise. En confirmation, chaque nation prospère s'attache aujourd'hui à parer solitairement au plus pressé, se précipitant au chevet de ses banques et mettant sous perfusion ses entreprises dans l'attente du retour de la croissance. La faim qui tenaille un milliard d'estomacs en est oubliée. Sous la promesse d'une récolte de céréales à venir plus abondante, les prix agricoles étant redevenus plus sages, le danger sera vite considéré comme étant écarté. La FAO ne s'y trompe pas quand elle affirme : « *l'ouragan financier menace la lutte contre la faim dans le monde.* ».

Pourtant, redécouvrant soudain la vertu de la règle, les thuriféraires du libéralisme sans frontières sont aujourd'hui les premiers à dénoncer ses excès tout en limitant la critique et le besoin de réforme au système financier. Sans grand mérite puisque la rupture avec les pratiques spéculatives s'est faite d'elle-même. Dans la douleur. Mais, étonnamment, personne ne remet en cause le *free market* mondialisé aux effets dévastateurs, tout particulièrement sur l'économie agricole : le dieu marché n'est pas encore descendu de son piédestal. Or, la rupture ne saurait être partielle – c'est-à-dire circonscrite à la remise à plat du marché de l'argent et de ses pratiques coupables. Sauf « *à ne regarder que le doigt du sage qui montre la lune* »... et à manquer le cœur de la cible pour l'avoir mal identifiée.

« *La difficulté n'est pas de comprendre les idées nouvelles ; elle est d'échapper aux idées anciennes* », disait fort justement Keynes. Sous le feu de l'épreuve, le monde s'accordera enfin à reconnaître qu'il faut rénover le capitalisme, victime de ses orgueilleuses certitudes et du dévoiement de ses officines boursières. Mais passer à l'acte est un autre exercice qui n'empêchera pas l'effet domino sur l'économie mondiale de ce cataclysme dont les ondes se sont propagées à la terre entière, d'accomplir son œuvre de mort dans tous les secteurs d'activité et sur tous les continents. Néanmoins, la crise bancaire trouvera plus vite son épilogue que ne cessera la pénurie alimentaire. Les nations les plus puissantes, au premier rang desquelles les États-Unis, ont trop d'intérêts en jeu pour laisser se déliter le système. À condition qu'elles le maîtrisent. Car stopper la déferlante financière n'est plus du ressort des seuls techniciens. C'est de la responsabilité du G8, ce gotha des chefs d'État qui ont en charge le destin du monde. Car le dernier acteur restera toujours l'homme d'État, lui qui est en charge de la macroéconomie quand les entrepreneurs ne pensent qu'à la microéconomie, celle de leurs affaires. Mais on devine déjà leurs avis partagés :

- sur la méthode : entre l'aménagement et la refondation ;
- sur le champ d'exercice : limité à la finance ou étendu à toute l'économie.

Le risque est grand qu'ils s'entendent sur le plus petit dénominateur commun, en oubliant que la Terre est une poudrière et que la faim en est le détonateur.

Mais quand la multitude des pauvres se mettra en marche vers l'Occident, rien ne l'arrêtera plus.

Chaque enfant qui meurt de faim dans le Tiers-Monde creuse la tombe des pays riches.

* * *

Les frères d'Ahmed – l'enfant noir mort dans les bras de sa mère – ont entrepris un long voyage : celui du dernier espoir d'échapper à une vie misérable. Un voyage qui doit les conduire sur les rives nord de la Méditerranée. Pendant des semaines, ils ont marché sous un soleil brûlant pour atteindre Tanger avant de tenter la traversée du détroit de Gibraltar dont les eaux ont englouti tant des leurs. C'est là qu'ils se sont séparés après avoir partagé la somme épargnée durant plusieurs années pour trouver place dans un rafiot surchargé, soudoyer les passeurs et, munis d'une adresse incertaine, retrouver à Paris un lointain parent. La séparation leur a coûté, mais c'était pour eux une façon d'accroître la chance qu'au moins l'un des deux arriverait à destination. En trompant la vigilance des gardes-côtes espagnols, par une nuit de tempête, Abdoulaye a réussi la traversée non sans avoir plusieurs fois échappé à la noyade. Vivant de peu, sollicitant des camionneurs compréhensifs, il est entré dans Paris pour se fondre dans la foule, à la recherche de son contact.

Ses papiers d'identité détruits pour échapper à une reconduite à la frontière, il a vécu, un mois durant, de la générosité d'associations caritatives qui ne lui ont jamais demandé d'où il venait ni où il allait. Chaque soir, il retrouvait ses compagnons d'infortune à la soupe populaire distribuée par les Restaurants du cœur, parfois hébergé par l'Armée du Salut mais logeant le plus souvent avec d'autres exilés dans un entrepôt désaffecté. À plusieurs reprises, des meneurs ont voulu l'entraîner dans des manifestations de sans-papiers. Il ne les a pas suivis, pas plus qu'il ne s'est laissé embrigader dans des bandes organisées qui recrutaient des immigrés naïfs et désemparés pour vendre de la drogue. C'était pourtant le pain assuré ; mais il a refusé, par prudence et surtout par respect pour sa mère quand bien même elle n'en aurait jamais rien su. Habile à pressentir le danger, il devine l'arrivée des patrouilles de police ou la présence de ses agents en civil. Il compte sur de nouvelles régularisations de clandestins, s'interrogeant cependant sur l'opportunité de prendre le risque de se présenter aux autorités pour constituer un dossier, ce qui l'obligerait alors à déclarer sa véritable identité. Aussi hésite-t-il entre la chance à courir et le piège à éviter.

Ce matin, il a le *blues*. Il a perdu son petit boulot, un travail au noir piètrement rémunéré qu'il avait déniché dans une brasserie très fréquentée mais désormais surveillée par la police. Il a perdu en même temps les restes de repas récupérés dans les cuisines dont il faisait profiter ses récents camarades. À nouveau, il songe à sa mère qui là-bas s'épuise à la corvée de l'eau et s'évertue à trouver chaque jour la nourriture pour tous les siens. Il rêve de rentrer au pays avec un peu d'argent pour lui venir en aide et retrouver sa famille.

Maintenant, il rêve pour de bon : il s'est assoupi, assis en plein soleil contre le mur du hangar qui sert d'abri nocturne à ses compagnons. Il s'imagine prenant le chemin du retour sur la terre de ses ancêtres à l'annonce par l'Europe et les États-Unis d'un vaste plan de développement du continent noir ; un plan de mise en valeur des ressources agricoles et minières pour les Africains et par eux. Avec pour objectifs, un partage équitable des richesses, l'assurance de prix rentables pour les produits agricoles exportés, le financement de l'irrigation et des infrastructures routières...

Retrouvant la fierté de sa race, habité d'une folle espérance, exalté à l'idée de relever avec ceux de sa génération le fantastique défi de faire reculer la pauvreté, il rentre « vivre au pays ». Il n'est pas le seul. Partout dans le monde, des exilés mus par un fol espoir prennent la route du Sud. La Terre est en effervescence. La fièvre du retour bourgeonne sur tous les continents. Les *chicanos* quittent les États-Unis pour rentrer au Mexique. Exploités par leurs employeurs, les émigrés philippins abandonnent les Émirats arabes... Et voilà que son rêve se précise et se personnalise : animés d'une même foi des milliers d'Africains, venus de tous les horizons, convergent vers les ports de la Méditerranée en une formidable transhumance. Comme s'il les observait du haut du ciel, il voit cette longue chaîne humaine marcher infatigablement sur les routes d'une immense carte d'Europe vers son nouveau destin. Il court la rejoindre. Stupéfaites, les populations des villes et des villages traversés observent, incrédules, ce flux inversé des migrants qui se dirige vers le Sud dans l'ocre de la poussière des chemins. Ces exilés ne se cachent plus. Silencieux, ils avancent dans la lumière, transcendés par le destin qui les attend. Ils veulent oublier les épreuves, les humiliations pour ne retenir que la compassion, l'aide, la solidarité et le respect qui leur furent souvent prodigués au titre de l'accueil de l'étranger ou au rappel de leur belle contribution à l'enrichissement[1] de l'Occident. S'ils estimaient qu'individuellement il était cruel de les refouler, ils admettent néanmoins que collectivement leur prise en charge par les pays industrialisés avait ses limites. Le spectacle est grandiose. Ce départ massif laisse muettes d'étonnement et tristes de les voir partir les familles intégrées décidées à rester ; il met dans l'embarras les employeurs, privés d'une main-d'œuvre qui généralement ne rechignait pas à la tâche. Mais plus rien ni personne ne peut les retenir. Ils vont faire fructifier ailleurs ce qu'ils ont appris ici. Là-bas, en terre lointaine, on les attend. La nouvelle de leur retour a parcouru le pays à la vitesse d'un éclair. On se prépare à les accueillir. Des foules bruyantes et bigarrées s'amassent dans les ports. Toutes les mères des enfants attendus sont là, à la fois joyeuses et anxieuses.

Les premiers marcheurs de l'espérance ont atteint les navires qui les attendent. Ils embarquent sans hâte. L'un après l'autre, les bateaux quittent le quai, majestueusement. Les sirènes du port les accompagnent dignement. À la sortie de la rade qui les abritait, une forte houle les accueille. Et c'est alors que se produit soudain une métamorphose étrange : dans la mer agitée, autour de la flottille qui prend le large, l'écume blanche des vagues prend forme ; elle dessine de multiples visages tirant du fond de l'eau les corps des migrants que l'océan avait engloutis et suppliciés. Et c'est ainsi que, quittant les limbes, le cortège de ces disparus accompagne les embarcations comme le ferait une cohorte d'anges protecteurs. Bercé par ce « merveilleux » qui nourrit son rêve, Abdoulaye sourit à la vie, à cette autre vie qui l'attend au pays.

---

1. En trente ans, le patrimoine des Français a doublé en valeur réelle pour atteindre une moyenne de 150 000 euros. Sachant que tout détenteur d'un patrimoine de 45 000 euros s'inscrit parmi les riches de la planète, on mesure mieux le sévère démenti donné au sentiment largement répandu que « le riche ce n'est pas moi, c'est l'autre ».

Mais soudain, le soleil qui le réchauffait perd de sa vigueur, comme s'il était brusquement tombé derrière une montagne. L'intensité de sa lumière fléchit brutalement, provoquant chez le dormeur un sentiment d'inconfort, une sensation de froid qui le dérangent. Instinctivement, il se recroqueville sur lui-même pour donner moins de prise à ce changement et comme pour se protéger d'un danger pressenti. Reprenant conscience, il risque un œil. Face à lui se dresse une masse sombre : planté dans deux brodequins militaires, un homme au visage fermé tient en laisse un chien menaçant. En un éclair, il réalise que son aventure va s'arrêter là. La peur le paralyse. Sa gorge se noue. Il a vite compris : c'est un tout autre retour que celui de son rêve qui l'attend.

Aujourd'hui, il a perdu. Mais demain il réussira. Car en son for intérieur, il sait déjà qu'il recommencera.

Annexes

Quelques PIB en 2006 (en milliards de dollars US)

Pays		PIB
Monde		48 245
Amérique	États-Unis	13 245
	Canada	1 270
	Brésil	1 068
Europe	Union européenne	14 610
	Allemagne	2 916
	France	2 400
	Royaume-Uni	2 252
	Russie	980
Asie	Japon	4 366
	Chine	2 645
	Corée du Sud	966
	Inde	887
Afrique	Afrique du Sud	255
	Nigeria	115
	Algérie	114
Océanie	Australie	755
	Indonésie	364
Depuis 2007, la Chine est passé devant l'Allemagne, devenant ainsi la 3e puissance mondiale.		

Quelques PIB par habitant (en dollars US)

	Pays	**PIB par habitant**
Amérique	États-Unis	44 155
	Canada	38 439
	Brésil	5 659
Europe	Royaume-Uni	38 850
	France	36 546
	Allemagne	35 270
	Russie	6 932
Asie	Chine	2 033
	Inde	816
Afrique	Afrique du Sud	5 380
	Nigeria	792
	Algérie	3 440
Océanie	Australie	37 433
	Nouvelle-Zélande	25 179
Ferment la marche : la République démocratique du Congo avec 144 dollars par personne et par an et le Burundi avec 103 dollars par personne et par an.		

Index

Composé par STDI

N° d'éditeur : 3906

Dépôt légal : septembre 2009

Imprimé en Allemagne par BoD